Pneumologie

PILON

D1512904

Chez le même éditeur

Dans la même collection, «_La collection des conférenciers_» :

Cardiologie, par L. Sabbah, 2008, 120 pages.
Chirurgie digestive, par Q. Pellenc, H. Tranchart, F. Lamazou, 2008, 112 pages.
Dermatologie, par C. Tolédano, 2009, 192 pages.
Endocrinologie – Diabétologie, par F. Lamazou, L. Bricaire, 2007, 136 pages.
Gériatrie – Rééducation, par O. Gridel, 2007, 112 pages
Gynécologie – Obstétrique, par F. Lamazou, S. Salama, 2007, 192 pages.
Hépato-gastro-entérologie, par O. Dubreuil, 2008, 120 pages.
Maladies infectieuses, par L. Bricaire, F. Bricaire, 2007, 136 pages.
Neurologie, par E. Jouvent, C. Denier. 2007, 208 pages.
ORL – Stomatologie – Ophtalmologie, par M. Devars du Mayne, N. Rocher. 2008, 160 pages.
Orthopédie – Traumatologie, par J. Amzallag, M. Amzallag, 2007, 112 pages.
Pédiatrie, par S. Laporte, G. Thouvenin. 2007, 200 pages.
Psychiatrie, par D. Ringuenet, C. Modenel, 2008, 168 pages.
Santé publique – Médecine légale, par S. Van Pradelles de Palmaert, T. Clozel, 2007, 120 pages.
Urologie, par Q. Pellenc, A. Tardieu. 2008, 128 pages.

Dans la collection _Cahiers des ECN_ :

Pneumologie, par D. Montani et C. Tcherakian, 2ᵉ édition, 2009, 376 pages.

Dans la collection _Abrégés connaissance et pratique_ :

Pneumologie, sous la direction de B. Housset, 2ᵉ édition, 2003, 504 pages.

Dans la collection _Réviser et s'entraîner en DCEM_ :

Pneumologie, par R. Borie et A. Nardi-Guipet, 2005, 132 pages.

PPN 136 161 286

Collection sous la direction de Frédéric LAMAZOU

Pneumologie

Camille OZIL
Interne des hôpitaux de Paris
Conférencière d'internat à Stan Santé et Hermès

Evanguelos XYLINAS
Interne des hôpitaux de Paris

W 18-12 PNE

ELSEVIER
MASSON

190 080 5957

DANGER

LE PHOTOCOPILLAGE TUE LE LIVRE

Ce logo a pour objet d'alerter le lecteur sur la menace que représente pour l'avenir de l'écrit, tout particulièrement dans le domaine universitaire, le développement massif du « photocopillage ». Cette pratique qui s'est généralisée, notamment dans les établissements d'enseignement, provoque une baisse brutale des achats de livres, au point que la possibilité même pour les auteurs de créer des œuvres nouvelles et de les faire éditer correctement est aujourd'hui menacée.

Nous rappelons donc que la reproduction et la vente sans autorisation, ainsi que le recel, sont passibles de poursuites. Les demandes d'autorisation de photocopier doivent être adressées à l'éditeur ou au Centre français d'exploitation du droit de copie : 20, rue des Grands-Augustins, 75006 Paris. Tél. 01 44 07 47 70.

© 2009 Elsevier Masson SAS – Tous droits réservés
62, rue Camille-Desmoulins, 92442 Issy-les-Moulineaux cedex
http://www.elsevier.fr et http://www.masson.fr
Tous droits de traduction, d'adaptation et de reproduction par tous procédés, réservés pour tous pays.

Toute reproduction ou représentation intégrale ou partielle, par quelque procédé que ce soit, des pages publiées dans le présent ouvrage, faite sans l'autorisation de l'éditeur est illicite et constitue une contrefaçon. Seules sont autorisées, d'une part, les reproductions strictement réservées à l'usage privé du copiste et non destinées à une utilisation collective et, d'autre part, les courtes citations justifiées par le caractère scientifique ou d'information de l'œuvre dans laquelle elles sont incorporées (art. L. 122-4, L. 122-5 et L. 335-2 du Code de la propriété intellectuelle).

ISBN : 978-2-294-70593-9

Avant-propos

Cette collection n'a pas pour objectif de remplacer vos polycopiés de cours. C'est une aide pour votre travail personnel. Avec un groupe de conférenciers nous avons fait une synthèse des annales de l'Internat et des ECN, et nous nous sommes aperçus que pour chaque item il n'est pas possible de vous interroger sur une multitude de questions : ce sont donc souvent les mêmes qui retombent. Seul « l'emballage » du dossier change : le terrain, les antécédents et les traitements personnels... Mais, dans le fond, les questions restent les mêmes et donc les réponses aussi. Nous avons sélectionné, par item, les questions qui sont déjà tombées et celles que nous avons jugées « tombables ». Nous vous fournissons les réponses les plus complètes possibles au niveau du contenu et sur le plan méthodologique. Le but est de vous montrer les points importants qu'il ne faut pas oublier et qui valent des points, et de vous montrer comment présenter vos réponses de façon à ce qu'elles soient claires pour vous et pour le correcteur. Une présentation claire et logique montre que vous avez compris ce que vous faites et que vous ne faites pas que réciter votre cours. De plus, n'oubliez pas que les correcteurs des ECN ont plusieurs milliers de copies à corriger dans un temps très court et qu'ils seront donc beaucoup plus réceptifs à une copie bien présentée qu'à une copie qui ressemble à un brouillon.

Ensuite, vient la rubrique « Le mot du conférencier » où nous vous donnons tous nos trucs, nous indiquons les pièges et les astuces des questions. Au besoin, nous faisons des rappels de cours sur les points qui posent problème aux étudiants lors de nos conférences. Nous essayons de vous montrer comment raisonner sur un sujet, quels sont les points qui doivent vous alerter. En bref, c'est une synthèse de tout ce que l'on dit en conférence.

En DCEM 2 et DCEM 3, ce livre va vous aider à faire vos fiches car vous pourrez y trouver les points importants des questions : cela vous évitera de recopier l'intégralité de votre livre sur vos fiches. Cela va également vous faire travailler votre méthodologie. Encore une fois, c'est un point que l'on juge très important. Vous devez vous forcer à bien écrire et à bien présenter vos dossiers dès le début, même quand vous faites des dossiers pour vous-même. Les bonnes habitudes sont dures à prendre mais les mauvaises sont dures à perdre! Ne croyez pas que le jour des ECN, vous allez bien écrire, proprement, lisiblement, avec une super présentation. C'est faux, si vous le faites pour la première fois aux ECN, vous perdrez énormément de temps alors que si vous le faites dès le début cela deviendra instinctif et vous irez vite.

En DCEM 4, ce livre vous aidera pour vos derniers tours, pour vérifier qu'il ne vous manque pas de zéros et pour réciter pendant vos sous-colles. Enfin, il vous permettra de faire un dernier tour rapide des questions et de revoir les pièges et astuces grâce au «mot du conférencier».

Les ECN sont une course d'endurance : ne partez pas en trombe, cela ne sert à rien, vous allez vous épuiser. Pas de panique, organisez-vous bien et prenez des moments de repos, vous travaillerez bien mieux ensuite. Profitez de vos stages pour apprendre tous les points pratiques et développer votre raisonnement clinique. Les ECN vous testent presque autant sur votre raisonnement que sur vos connaissances. Vous vous rendrez compte qu'en raisonnant sur un dossier sur lequel vous n'avez pas d'idées, en faisant du logique et du symptomatique, vous arriverez à avoir beaucoup plus de points que vous ne le pensez.

Profitez de vos conférences, ne révisez pas avant d'y aller, cela ne sert à rien : vous saurez répondre aux questions pendant la conférence, mais le lendemain vous en aurez oublié une grande partie. Vous devez tester votre mémoire à long terme et non votre mémoire immédiate, car c'est votre mémoire à long terme qui vous servira le jour des ECN. Même si vous n'avez pas révisé, allez aux conférences, en quelques heures vous traiterez plusieurs chapitres et vous retiendrez plein de choses. Lorsque vous ferez tranquillement ces questions vous comprendrez plus facilement et vous vous rendrez compte que finalement vous connaissez déjà pas mal de choses. Faites un maximum de dossiers, c'est le meilleur entraînement pour les ECN. Insistez sur les questions pénibles que personne n'aime (infections materno-fœtales, accueil d'une victime de violence sexuelle…), ce sont en général les dossiers «classants» quand ils tombent.

Bon courage! Travaillez bien. Et encore une fois pas de panique, organisez-vous bien, prenez des pauses de temps en temps, et vous allez voir que ça va très bien se passer!

Frédéric LAMAZOU

Table des matières

© 2009 Elsevier Masson SAS. Tous droits réservés

Fiche de méthodologie

La présentation est très importante aux ECN : vous avez un cahier sans case, ce qui veut dire que vos réponses peuvent aller d'un mot à une voire deux pages. Devant une réponse longue, le correcteur, qui a environ deux milles copies à corriger, doit pouvoir trouver rapidement les mots-clés. Devant une copie mal écrite et mal présentée, un correcteur sera toujours plus sévère car il passera beaucoup plus de temps à essayer de déchiffrer les mots-clés et à les dénicher au milieu d'une page de texte sans aucune présentation.

Nous vous proposons donc une présentation type pour les principales questions que l'on peut vous poser aux ECN. Elle sera, bien entendu, à adapter au cas par cas. Utilisez les décalages, les tirets et écrivez les mots-clés en majuscules. Évitez les longues phrases. Entraînez-vous à le faire dès maintenant car ce n'est pas le jour des ECN, alors que vous serez stressé, que vous allez pouvoir changer votre manière de présenter votre dossier ou alors ce sera au prix d'une perte de temps considérable. À l'inverse, avec de l'entraînement, vous irez très vite en évitant les longues phrases, et les items seront plus clairs pour vous aussi lors de la relecture de votre dossier.

Réponse type : « Quel est votre diagnostic ? »

Le diagnostic est : XXXXX ± AIGU ou CHRONIQUE ± BÉNIN ou SÉVÈRE ± DU CÔTÉ DROIT ou GAUCHE ± COMPLIQUÉ ou NON car :

Terrain :
- ► présence de facteurs de risques :
- ► antécédents :

Histoire de la maladie :
- ►
- ►

Clinique :
- ►
- ►

Examens complémentaires :
- ► biologiques :
  - ◆
  - ◆

© 2009 Elsevier Masson SAS. Tous droits réservés

▶ imagerie :
- ◆
- ◆

▶ autres : cœlioscopie…

Signes de gravité :
- ▶
- ▶

Signes négatifs :
- ▶
- ▶

Compliqué de YYYY car :
- ▶ clinique :
- ▶ paraclinique :

Réponse type : « Quel bilan faites-vous ? »

Bilan à visée diagnostique :
- ▶ biologique :
  - ◆
  - ◆
- ▶ imagerie :
  - ◆
  - ◆

Bilan à visée étiologique :
- ▶ biologique :
  - ◆
  - ◆
- ▶ imagerie :
  - ◆
  - ◆

Bilan à la recherche de complications :
- ▶ biologique :
  - ◆
  - ◆
- ▶ imagerie :
  - ◆
  - ◆

Bilan pré-thérapeutique :
- ▶ biologique :
  - ◆
  - ◆

► imagerie :
  ◆
  ◆

Réponse type : « Quel est votre bilan en cancérologie ? »

Confirmation diagnostique = preuve histologique.
Bilan d'extension :
  ► locale (tumeur)
  ► régionale (ganglions)
  ► à distance (métastases)
Marqueurs cancéreux.
Bilan des autres complications.
Bilan préoperatoire, préchimiothérapie (+ conservation des ovocytes).

Réponse type : « Quel examen vous permet de faire le diagnostic ? »

Examen complémentaire :
  ► résultats attendus :
    ◆
    ◆
  ► signes de gravités :
    ◆
    ◆
  ► signes négatifs :
    ◆
    ◆

Réponse type : « Quel est votre traitement ? »

HOSPITALISATION ou non en service spécialisé
± URGENCE THÉRAPEUTIQUE ± PRONOSTIC VITAL ENGAGÉ ± PRONOSTIC
FONCTIONNEL ENGAGÉ

Mise en condition du malade :
  ► ± repos au lit
  ► ± voie veineuse périphérique
  ► ± scope cardiotensionnel
  ► ± À JEUN

Traitement étiologique :
  ► traitement médical : CLASSE DU MÉDICAMENT : FAMILLE DU MÉDICAMENT :
    NOM DU GÉNÉRIQUE ± posologie VOIE D'ADMINISTRATION ± durée
  ► traitement chirurgical

Traitement symptomatique : CLASSE DU MÉDICAMENT : FAMILLE DU MÉDI-CAMENT : NOM DU GÉNÉRIQUE ± posologie VOIE D'ADMINISTRATION ± durée

Prévention des complications de décubitus :
- ► ± prévention des escarres
- ► ± kinésithérapie
- ► ± anticoagulant à dose préventive : héparine de bas poids moléculaire : ENOXAPARINE SODIQUE/LOVENOX SC

Surveillance :
- ► clinique :
  - ◆
  - ◆
- ► paraclinique :
  - ◆
  - ◆

Réponse type : « Quelle est votre prise en charge ? »

HOSPITALISATION ou non en service spécialisé
± URGENCE THÉRAPEUTIQUE ± PRONOSTIC VITAL ENGAGÉ ± PRONOSTIC FONCTIONNEL ENGAGÉ

Mise en condition du malade :
- ► ± repos au lit
- ► ± voie veineuse périphérique
- ► ± scope cardiotensionnel
- ► ± À JEUN

Bilan ± en urgence :
- ► biologique :
  - ◆
  - ◆
- ► imagerie :
  - ◆
  - ◆
- ► bilan pré-thérapeutique
  - ◆
  - ◆

Traitement étiologique :
- ►
- ►

Traitement symptomatique :
- ▶
- ▶

Prévention des complications de décubitus :
- ▶ ± prévention des escarres
- ▶ ± kinésithérapie
- ▶ ± anticoagulant à dose préventive : héparine de bas poids moléculaire :
ENOXAPARINE SODIQUE/LOVENOX SC

Surveillance :
- ▶ à court terme :
  - ◆ clinique :
  - ◆ paraclinique :
- ▶ à moyen et long terme
  - ◆ clinique :
  - ◆ paraclinique :

Prise en charge sociale :
- ▶ ± prise en charge à 100 %
- ▶ ± aide ménagère…

Faire un brouillon

Avant de parler du brouillon, juste un rappel : bien qu'on vous demande de rédiger vos réponses, souvenez-vous que VOUS ÊTES TOUJOURS NOTÉS PAR DES MOTS-CLÉS, que le correcteur doit trouver dans votre copie.

En fait, ce n'est pas au correcteur de les trouver mais à vous de les mettre en évidence pour être sûr qu'il ne les oubliera pas ! Pour ce faire :

▶ ne soulignez pas (perte de temps et copie surchargée, surtout si vous écrivez petit)

▶ ÉCRIVEZ EN MAJUSCULES (les choses que vous savez ou que vous pensez importantes) :

◆ bien plus VISIBLE ;

◆ et surtout bien plus LISIBLE (surtout si vous écrivez mal).

Je vous rappelle que c'est pour cette même raison que le nom des médicaments doit être écrit en MAJUSCULES sur les ordonnances et prescriptions.

Revenons à notre brouillon, qu'il est essentiel de faire le jour du concours mais, bien évidemment, il faut vous y entraîner avant.

En conférence, vous n'avez en général pas le temps de faire ce brouillon (dommage), il faut donc prendre l'habitude d'en faire quand vous faites des dossiers chez vous, aux concours blancs…

Le rôle du brouillon est de ne pas oublier les points importants, d'éviter les zéros à la question et surtout de ne pas tomber dans les pièges qui vous sont tendus. Ne rédigez pas vos réponses sur le brouillon, c'est une perte de temps.

Le brouillon doit être fait pendant la lecture de l'énoncé. Faites toujours attention à chaque mot, rien n'est jamais mis au hasard : si un antécédent ou un traitement est noté, vous devrez vous en servir.

Le brouillon que je vous conseille se divise en 4 parties.

© 2009 Elsevier Masson SAS. Tous droits réservés

Première partie	Deuxième partie
	Quatrième partie

Troisième partie

Première et deuxième parties :

Première partie = la lecture de l'énoncé : notez sur le brouillon les éléments clés comme le terrain, les antécédents, les traitements…

En face de chaque item, dans la deuxième partie, notez les mots-clés automatiques ou les points importants :

Exemple : *Madame H., âgée de 35 ans, vient consulter pour une douleur de la FID… On note dans ses antécédents une phlébite il y a 3 mois pour laquelle elle est encore sous Sintrom®, une salpingite à 20 ans et une maladie de Barlow. Elle fume un paquet de cigarettes par jour depuis quinze ans…*

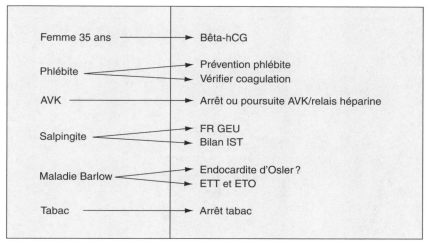

Première partie   Deuxième partie

Troisième partie :

Si vous êtes sûr du diagnostic, passez directement à la quatrième partie. Le plus souvent cela ne pose pas de problèmes, mais dans les cas où vous hésitez, faites cette partie.

Troisième partie = symptômes et examens complémentaires pour trouver le diagnostic : reportez tous ces éléments et reliez-les aux différents diagnostics possibles : le bon diagnostic sera celui vers lequel convergent toutes les flèches.

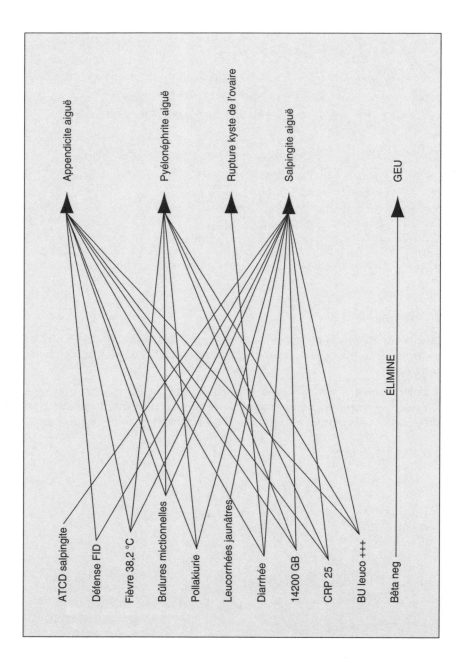

La *quatrième partie* est à mettre sous la deuxième, une fois le diagnostic posé : mettez-y tous les mots-clés que vous connaissez de la question.

Ensuite, au fur et à mesure de la rédaction, à chaque fois que vous mettez un mot-clé dans les parties 2 et 4 dans une question, barrez-le sur votre brouillon.

Le brouillon va vous servir à nouveau au moment de la RELECTURE.

NE RELISEZ PAS VOS RÉPONSES = PERTE DE TEMPS.

En revanche, RELISEZ L'ÉNONCÉ (vérifiez que vous n'avez pas oublié une question ou une deuxième partie de question).

RELISEZ également VOTRE BROUILLON, il est là pour vous rappeler tous les pièges qui vous étaient tendus : au moment du traitement vous aviez par exemple oublié l'âge de la patiente et le fait qu'elle était mineure : vous rajoutez autorisation parentale à votre réponse traitement...

Liste des abréviations

AAG	asthme aigu grave
AEG	altération de l'état général
ALD	affection de longue durée
AMM	autorisation de mise sur le marché
ATB	antibiotique
BAAR	bacille acido-alcoolo-résistant
BAV	bloc auriculoventriculaire
BCG	bacille de Calmette et Guérin
BGN	bacille Gram négatif
BH	bilan hépatique
BK	bacille de Koch
BNP	*brain natriuretic peptid*
BPCO	bronchopneumopathie chronique obstructive
CRP	C-réactive protéine
CV	capacité vitale
DDB	dilatation des bronches
DEP	débit expiratoire de pointe
DLCO	diffusion pulmonaire du monoxyde de carbone
DRASS	direction régionale des affaires sanitaires et sociales
EBPCO	exacerbation de BPCO
ECA	enzyme de conversion de l'angiotensine
ECBC	examen cytobactériologique des crachats
ECG	électrocardiogramme
EFR	épreuves fonctionnelles respiratoires
EMB	éthambutol
EP	embolie pulmonaire ou épanchement pleural selon le contexte
EPP	électrophorèse des protéines plasmatiques
FR	fréquence respiratoire
GDS	gaz du sang
GDSA	gaz du sang artériel
HTA	hypertension artérielle
HTAP	hypertension artérielle pulmonaire
IDR	intradermoréaction
IEC	inhibiteur de l'enzyme de conversion

Pneumologie
© 2009 Elsevier Masson SAS. Tous droits réservés

INH	isoniazide
IRA	insuffisance respiratoire aiguë
IRC	Insuffisance respiratoire chronique
IRCO	insuffisance respiratoire chronique obstructive
IV	intraveineux
IVD	insuffisance ventriculaire droite
LBA	lavage broncho-alvéolaire
LDH	lacticodéshydrogénase
LNH	lymphome non Hodgkinien
NFS	numération-formule sanguine
OAP	œdème aigu pulmonaire
ORL	Oto-rhino-laryngologie
PAC	porte à cathéter
PCA	pneumonie communautaire de l'adulte
PCR	polymérisation en chaîne
PEC	prise en charge
PEP	pression expiratoire positive
PIT	primo-infection tuberculeuse
PO	*per os*
PZA	pyrazinamide
RGO	reflux gastro-œsophagien
RMP	rifampicine
RP	radiographie pulmonaire
Rx	rayon
RxT	rayon du thorax
SAS	sans autre spécification
SDRA	syndrome de détresse respiratoire aiguë
SG	signes généraux
TA	tension artérielle
TCA	temps de céphaline activée
TDM	tomodensitométrie
TEP	tomographie par émission de positons
TNM	*tumor node metastasis*
TOGD	transit œso-gastro-duodénal
TP	taux de prothrombine
VAS	voies aériennes supérieures
VEMS	volume maximal expiré en une seconde
VIH	virus de l'immunodéficience humaine
VS	ventilation spontanée
VZV	virus varicelle–zona

ITEM 86

Infections bronchopulmonaires de l'adulte

Objectifs : Diagnostiquer une pneumopathie, une bronchopneumopathie de l'adulte.
Identifier les situations d'urgence et planifier leur prise en charge.
Argumenter l'attitude thérapeutique et planifier le suivi du patient.

Pneumonie communautaire de l'adulte (PCA)

Diagnostic de pneumopathie aiguë :
- ► diagnostic souvent difficile
- ► manque de spécificité des symptômes :
  - ◆ toux inconstamment présente
  - ◆ intrication des signes cliniques de pneumonie, des comorbidités et des signes extrarespiratoires
- ► diagnostic plus facile devant :
  - ◆ fièvre
  - ◆ signes fonctionnels respiratoires
  - ◆ image radiologique

Examens complémentaires à prescrire devant une PCA :
- ► bactériologie :
  - ◆ examen cytobactériologique des crachats (ECBC)
  - ◆ hémocultures
  - ◆ recherche d'antigènes : pneumocoque, *Legionella pneumophila* sérotype 1 (dans les urines)
  - ◆ imagerie +++
  - ◆ radiographie thoracique (face et profil)
  - ◆ images, souvent décalées dans le temps, permettant de différencier pneumonie alvéolaire, pneumonie interstitielle, bronchopneumonie
  - ◆ ± tomodensitométrie : UTILE LORSQUE LES CLICHÉS SIMPLES SONT D'INTERPRÉTATION DIFFICILE OU EN CAS DE COMPLICATION LOCALE
- ► recherche de critères de gravité :
  - ◆ NFS
  - ◆ hémostase (TP-TCA)

© 2009 Elsevier Masson SAS. Tous droits réservés

- ◆ GDS artériels
- ◆ ± ponction pleurale (si épanchement)
- ◆ ± ponction lombaire (si troubles de la conscience)

Étiologies des PCA :
- ▶ pneumopathies alvéolaires :
  - ◆ pneumonie à *S. pneumoniae*
  - ◆ pneumonie à *L. pneumophila*
  - ◆ *H. influenzae*
  - ◆ *S. aureus*
  - ◆ *K. pneumoniae*
  - ◆ *M. catarrhalis*
- ▶ pneumopathies interstitielles :
  - ◆ pneumonies interstitielles virales
  - ◆ pneumonies interstitielles bactériennes
  - ◆ pneumonies à parasites et champignons

Critères de gravité d'une PCA :
Toujours rechercher les signes de mauvaise tolérance respiratoire ou hémody-namique +++ (⚠ *si oubli*)
- ▶ clinique :
  - ◆ hypothermie < 35 °C ou hyperthermie > 40 °C
  - ◆ respiratoires
  - ◆ FR > 30/min
  - ◆ cyanose
  - ◆ tirage
  - ◆ hémodynamiques
  - ◆ signes de choc
  - ◆ marbrures
  - ◆ TA systolique < 90 mmHg
  - ◆ suspicion de pneumopathie d'inhalation
- ▶ biologie :
  - ◆ hyperleucocytose (> 30 000) ou leuconeutropénie (< 4 000)
  - ◆ anémie < 9 g/dL
  - ◆ insuffisance rénale
- ▶ GDSA :
  - ◆ hypoxémie < 60 mmHg
  - ◆ hypercapnie > 50 mmHg
  - ◆ acidose ph < 7,30
- ▶ radiologie :
  - ◆ multilobaire
  - ◆ abcès
  - ◆ épanchement pleural

Traitement à préconiser

Principes :
- ▶ le traitement antibiotique doit prendre en compte les bactéries les plus souvent en cause et/ou responsables d'une mortalité élevée :
  - ◆ pneumocoque
  - ◆ mycoplasme
  - ◆ légionelle
- ▶ Dans tous les cas :
  - ◆ URGENCE THÉRAPEUTIQUE
  - ◆ RÉÉVALUATION DU TRAITEMENT À 48–72 HEURES

Adulte ambulatoire présumé sain sans signe de gravité :
En première intention :
- ▶ antibiotique efficace sur le pneumocoque :
  - ◆ amoxicilline orale 1 g × 3/j (ou pristinamycine)
  - ◆ en cas d'intolérance authentifiée et/ou de contre-indication : quinolone antipneumococcique (lévofloxacine ou moxifloxacine)
- ▶ en cas d'échec à 48–72 h :
  - ◆ réévaluation clinique ± radiologique
  - ◆ modification du traitement initial = changement de spectre d'activité initial : macrolides *versus* amoxicilline et inversement

Adulte ambulatoire avec comorbidités, sans signes de gravité :
Couvrir pneumocoque en élargissant le spectre *(H. influenzae, S. aureus, E. coli, P. aeruginosa, Legionella…)*.
Premier choix :
- ▶ amoxicilline–acide clavulanique (1 g × 3/j d'amoxicilline)
- ▶ céphalosporine de troisième génération injectable (ceftriaxone)
- ▶ ou quinolone antipneumococcique (lévofloxacine ou moxifloxacine)

Adulte nécessitant une hospitalisation en médecine :
- ▶ traitement de référence : amoxicilline 1 g × 3/j PO/perfusion IV
- ▶ en l'absence de documentation microbiologique et en cas de non-amélioration clinique après un traitement par β-lactamine initiale bien conduit, on peut proposer d'associer un macrolide ou d'effectuer une substitution par pristinamycine ou télithromycine

Adulte nécessitant une hospitalisation en unité de soins intensifs :
- ▶ antibiothérapie par VOIE PARENTÉRALE en association pour couvrir pneumocoque, BGN et intracellulaires :
  - ◆ céfotaxime 1–2 g × 3/j perf. IV
  - ◆ ou ceftriaxone 1–2 g/j IV et macrolides IV
- ▶ en cas de facteur de risque de *Pseudomonas*, une β-lactamine anti-*Pseudomonas* en association à un aminoside est recommandée, en association à

une molécule couvrant les bactéries intracellulaires : pipéracilline–tazobactam 4 g × 3/j IV et aminoside et macrolide IV
► une désescalade antibiotique doit être envisagée dès que la PAC est documentée
► Penser à la vaccination antipneumococcique des populations a risque (**⚠** *si oubli*).

Le mot du conférencier

Les infections bronchopulmonaires sont des infections de l'appareil respiratoire bas : 5ᵉ ou 6ᵉ cause de décès dans les pays industrialisés.

Mortalité des PAC : de 7 à 60 % selon l'étiologie, le terrain et le niveau de gravité.

Deux situations importantes sont à distinguer :

• communautaires : acquises en dehors de toute structure hospitalière et/ou se déclarant dans les 48 premières heures d'hospitalisation ;
• nosocomiales : acquises dans une structure hospitalière.

L'identification du germe responsable n'est possible que dans un cas sur deux, ce qui explique la fréquence des traitements antibiotiques probabilistes.

Bien noter le terrain sous-jacent, car il est un élément fondamental du pronostic (BPCO, immunodépression) et de la prise en charge.

Le diagnostic microbiologique est difficile :

Examen cytobactériologique des crachats (ECBC)

• Technique de recueil irréprochable.
• Mise en culture uniquement si > 25 PNN/champ ET < 10 cellules épithéliales/champ.
• Identification possible à l'examen direct.
• Culture et antibiogramme systématiques.

Autres techniques : brossage distal protégé, LBA

• Surtout chez l'immunodéprimé.
• Possibilité de détection d'antigènes par immunofluorescence directe ou de génome par PCR.

Hémocultures

Réalisées systématiquement en hospitalisation.

Recherche d'antigènes

- Pneumocoque.
- *Legionella pneumophila* sérotype 1 (dans les urines).

Examens sérologiques

- Pas d'intérêt.
- Résultats tardifs.

Le praticien doit très vite reconnaître les patients à hospitaliser d'emblée, y compris en réanimation.

Le choix du mode de prise en charge d'un patient atteint de PAC repose sur les éléments suivants :

- présence de signes de gravité ;
- conditions défavorables (conditions socio-économiques défavorables, inobservance prévisible, isolement) ;
- comorbidités.

Aucun examen ne doit retarder la prise en charge thérapeutique et plus précisément la mise en route d'une antibiothérapie.

Pneumopathie d'inhalation

- Antibiothérapie visant les BGN et les anaérobies.
- Hospitalisation conseillée.
- Amoxicilline–acide clavulanique injectable (1 g/8 h IV).
- ou C3G injectable (céfotaxime 1 g/8 h, ceftriaxone 1 g/24 h) et imidazolé (métronidazole : 1,5–2 g/24 h chez l'adulte en 3 prises).

Tuberculose

Objectifs : *Diagnostiquer une tuberculose thoracique et connaître les localisations extrathoraciques.*
Argumenter l'attitude thérapeutique et planifier le suivi du patient.

Groupes à haut risque

- ▶ Immunodéprimés (VIH, cancer, corticothérapie/immunosuppresseurs, éthylotabagiques).
- ▶ Personnes âgées.
- ▶ Groupes socio-économiques défavorisés, précarité.
- ▶ Population étrangère, migrants.

Histoire clinique de la primo-infection tuberculeuse (PIT ou tuberculose–infection latente)

- ▶ Premier contact infectant avec le BK.
- ▶ 10 % évoluent vers une véritable tuberculose maladie.
- ▶ Inhalation de gouttelettes de salive infectée par le BK avec inoculation pulmonaire.
- ▶ Virage des tests cutanés tuberculiniques = LE PLUS FRÉQUENT = ASYMPTOMATIQUE :
  - ◆ = augmentation de diamètre de l'IDR entre DEUX TESTS RÉALISÉ À 3 MOIS D'INTERVALLE : si 1er IDR < 5 mm et 2e IDR > 10 mm ou si 1e IDR > 5 mm et 2e IDR augmentée de plus de 10 mm
  - ◆ nature du test = IDR à la tuberculine 5 UT (tubertest, 0,1 mL injecté en intradermique strict à la face antérieure de l'avant-bras), positive si le diamètre de l'induration est > 5 mm
- ▶ RADIOGRAPHIE THORACIQUE SYSTÉMATIQUE : NORMALE.
- ▶ PAS DE TRAITEMENT POUR UNE PIT LATENTE.

> Attention :
> Chez l'IMMUNODÉPRIMÉ, cette primo-infection doit être traitée COMME UNE TUBERCULOSE MALADIE.
> Chez tout sujet, une primo-infection SYMPTOMATIQUE (plus rare) ou avec signes radiologiques doit également être traitée COMME UNE TUBERCULOSE MALADIE.

© 2009 Elsevier Masson SAS. Tous droits réservés

Arguments permettant de poser le diagnostic de tuberculose pulmonaire commune

- ▶ Cliniquement : évolution progressive sur plusieurs semaines
  - ◆ SIGNES GÉNÉRAUX : altération de l'état général avec fièvre (vespérale) et sueurs nocturnes
  - ◆ SIGNES RESPIRATOIRES : toux prolongée ou chronique ± expectoration ± hémoptysie, contrastant avec l'absence de franche anomalie à l'auscultation
- ▶ Radiographie de thorax : peut retrouver le chancre d'inoculation, infiltrats, nodules, cavernes, principalement sur les hémichamps supérieurs, ou alors des images d'allure séquellaire (nodules calcifiés, adénopathies médiastinales calcifiées, pachypleurite).

> Attention : L'ABSENCE DE SYNDROME INFLAMMATOIRE BIOLOGIQUE N'ÉLIMINE PAS LE DIAGNOSTIC.

- ▶ Bactériologie (*cf.* item 4).

Examens complémentaires à prescrire devant une suspicion de tuberculose pulmonaire commune

- ▶ Bilan bactériologique afin de mettre en évidence du BAAR :
  - ◆ cultures prolongées sur MILIEUX SPÉCIAUX (Lowenstein-Jensen) et coloration de Ziehl-Neelsen : recherches de BAAR à l'examen direct puis après cultures
  - ◆ réalisation d'un ANTIBIOGRAMME (long, obtenu au bout de 2 à 3 mois... On n'attend pas les résultats avant de débuter le traitement...)
  - ◆ expectorations (le matin à jeun) 3 jours de suite
  - ◆ prélèvements par tubage gastrique (BK tubage) la matin à jeun 3 jours de suite.
  - ◆ fibroscopie bronchique avec aspirations et biopsies
- ▶ Imagerie : radio du thorax de face.
- ▶ Ne pas oublier la sérologie VIH devant toute suspicion de tuberculose (⚠ si oubli).

Définir la miliaire tuberculeuse

- ▶ FORME RARE MAIS GRAVE liée à une dissémination hématogène du BK.
- ▶ Définie par son aspect radiologique : SYNDROME INTERSTICIEL MICRO-NODULAIRE (nodules de moins de 3 mm).

▶ Associée à une IMPORTANTE ALTÉRATION DE L'ÉTAT GÉNÉRAL, rapidement évolutive.
▶ Et toujours une ATTEINTE HÉPATIQUE.
▶ Diagnostic par biopsies bronchique, hépatique, médullaire : GRANULOME ÉPITHÉLIOÏDE ET GIGANTOCELLULAIRE AVEC NÉCROSE CASÉEUSE.

Bilan complémentaire à prescrire devant une miliaire tuberculeuse confirmée

Le bilan d'EXTENSION est systématique :
▶ fond d'œil (tubercules de Bouchut)
▶ ECBU
▶ ponction lombaire (si fébrile)
▶ échographie cardiaque (endocardite)
▶ échographie abdominale (foie, ascite, rate)

Autres localisations de la tuberculose

Plus rares :
▶ péricardite
▶ péritonite
▶ méningite
▶ pleurésie/pyothorax
▶ tuberculose ganglionnaire
▶ tuberculose urogénitale
▶ mal de Pott

Traitement

Bilan préthérapeutique +++ :
▶ bilan hépatique : transaminases (INH, RMP)
▶ fonction rénale : urée, créatininémie (EMB, INH)
▶ bilan ophtalmologique : vision des couleurs (EMB) + champ visuel + arrêt des lentilles (coloration par l'INH)
▶ uricémie (PZA)

β HEG systématique avant le traitement d'une femme en âge de procréer (⚠ si oubli).

Instauré au mieux dans le cadre d'une hospitalisation d'une quinzaine de jour (durée où le patient est bacillifère) avec ISOLEMENT RESPIRATOIRE et ÉDUCATION.

Mesures de protection du personnel, éviter la kiné respiratoire (⚠ si oubli).

Principe :
▶ quadrithérapie antituberculeuse, prise unique le matin à jeun, et à distance des repas :

Isoniazide	Rimifon®	5 mg/kg/j
Rifampicine	Rifadine®	10 mg/kg/j
Éthambutol	Myambutol®	15 mg/kg/j
Pyrazinamide	Pirilène®	25 mg/kg/j

▶ quadrithérapie pendant 2 mois, puis isoniazide et rifampicine en bithérapie encore 4 mois pour un total de 6 mois

Contre-indications et précautions d'emploi :
▶ FEMME ENCEINTE :
  ◆ contre-indication au pyrazinamide
  ◆ schéma de trithérapie izoniazide, rifampicine et éthambutol pendant 3 mois
  ◆ puis 6 mois de bithérapie isoniazide, rifampicine pour un total de 9 mois
▶ chez le sujet VIH sous traitement antirétroviral, la rifabutine remplace la rifampicine

Protocole de suivi :
▶ schéma classique :
  ◆ J15 : radiographie pulmonaire (RP), bilan hépatique (BH), uricémie et recherche BK jusqu'à négativation des cultures
  ◆ J30 : RP, BH
  ◆ J60 : RP, BH, recherche BK, ADAPTATION ÉVENTUELLE À L'ANTIBIO-GRAMME
  ◆ M3 : examen clinique
  ◆ M6, M12, M18 : examen clinique, RP
▶ si traitement par éthambutol, EXAMEN OPTHALMOLOGIQUE :
  ◆ avec vision des couleurs et champ visuel avant la mise en route du traitement
  ◆ une fois par mois pendant la durée du traitement par éthambutol
▶ si cytolyse > 6 N :
  ◆ ARRÊT DE L'ISONIAZIDE et DU PYRAZINAMIDE, vérifier les posologies et chercher autre étiologie d'hépatite
  ◆ surveillance des transaminases, si normalisation, possibilité de réintroduire l'INH SEUL À DEMI-DOSES, avec surveillance du BH 2 fois/ semaine
  ◆ dans ces cas, on prolonge le traitement pour un total de 9 mois

Contrôler l'observance :
- ► coloration rouge orangée des larmes et des urines (rifampicine)
- ► dosage de l'uricémie hyperuricémie (pyrazinamide) = critères d'observance en cas de doute
- ► dosage du taux sanguin d'izoniazide

Ne pas oublier de surveiller l'observance ++, meilleure garantie du succès thérapeutique (⚠ si oubli).

Mesures associées au traitement

- ► MALADIE À DÉCLARATION OBLIGATOIRE implique :
  - ◆ un SIGNALEMENT, qui doit être réalisé sans délai, à la DRASS et aboutit à une enquête dans l'entourage du malade : examen clinique, IDR, RP, recherche de SUJETS CONTACTS et traitement des cas. ATTENTION, CE SIGNALEMENT N'EST PAS ANONYME ++
  - ◆ et une NOTIFICATION : réalisée sur un formulaire spécifique puis envoyée à la DRASS à but de surveillance épidémiologique, donc anonyme
- ► PRISE EN CHARGE À 100 %
- ► ARRÊT DE TRAVAIL : au minimum, durée pendant laquelle le patient est bacillifère
- ► DÉPISTAGE DE L'ENTOURAGE
- ► proscrire l'automédication, prévenir du risque d'interférences
- ► médicamenteuses +++
- ► vitaminothérapie B6 (particulièrement recommandée chez les patients dénutris et les femmes enceintes)
- ► SÉROLOGIE VIH +++ (⚠ si oubli)

Mesures de prévention à instaurer

- ► ISOLEMENT RESPIRATOIRE pendant une durée minimale de 15 jours (période bacillifère).
- ► MESURES PRÉVENTIVES POUR LE PERSONNEL : masque.
- ► ENQUÊTE AUTOUR DU CAS : recherche de sujets contacts (chez lesquels on réalise une radiographie pulmonaire ainsi qu'une IDR).
- ► VACCINATION BCG avant l'âge de 6 ans : attention n'est plus obligatoire.
- ► TRAITEMENT DES CAS AVÉRÉS avec surveillance de l'observance +++.
- ► Traitement préventif en cas de primo-infection : bithérapie INH + RFM pendant 3 mois ou monothérapie INH 6 à 12 mois.

Le mot du conférencier

Question multidisciplinaire pouvant être à l'origine de questions de santé publique et de médecine du travail (déclaration, arrêt de travail, prise en charge à 100 %).

Bien insister sur la surveillance et la planification du suivi du patient traité (observance, efficacité, toxicité) qui font partie intégrante des objectifs de la question.

Maladie infectieuse liée à *Mycobacterium tuberculosis* (ou bacille de Koch), ayant un tropisme respiratoire privilégié, et de transmission interhumaine par inhalation de gouttelettes infectées principalement.

- Problème de santé publique :
  - monde : environ 8 millions de cas/an ;
  - France : environ 11 000 nouveaux cas/an ;
  - évolution vers la MULTIRÉSISTANCE ++.
- Notions essentielles :
  - une tuberculose bien traitée a 100 % DE GUÉRISON ;
  - une tuberculose non traitée évolue vers 50 % DE DÉCÈS, 25 % DE GUÉRISON spontanée et 25 % de passage à la CHRONICITÉ ;
  - doit toujours être précédé d'un BILAN PRÉTHÉRAPEUTIQUE +++.

ITEM 113

Allergies et hypersensibilités de type I chez l'enfant et chez l'adulte : aspects épidémiologiques, diagnostiques et principe du traitement

Objectifs :   *Expliquer l'épidémiologie, les facteurs favorisants et l'évolution des principales allergies de l'enfant et de l'adulte.*
Expliquer les principales manifestations cliniques et biologiques et argumenter les procédures diagnostiques.
Argumenter les principes du traitement et de la surveillance au long cours d'un sujet allergique, en tenant compte des aspects psychologiques.

Épidémiologie des allergies

- ▶ Fréquentes.
- ▶ 20 % des populations occidentales.
- ▶ Affectant toutes les tranches d'âge.
- ▶ La prévalence cumulative des rhinites et/ou conjonctivites allergiques est d'environ 30 millions en France.

Facteurs à l'origine de l'allergie

Environnement :
Une concentration élevée d'allergènes atmosphérique au cours de la petite enfance augmente l'incidence des maladies allergiques dont témoignent :
- ▶ une augmentation de la susceptibilité chez les enfants nés pendant la période pollinique
- ▶ une fréquence plus élevée chez les enfants vivants dans des intérieurs à forte concentration en acariens
L'influence d'un mode de vie occidental a été démontrée.
Prédisposition génétique : les facteurs génétiques de susceptibilité pour l'atopie.

© 2009 Elsevier Masson SAS. Tous droits réservés

Allergènes les plus fréquemment en cause

Ceux sont ceux :
- des pollens
- des acariens
- des animaux domestiques
- du lait, de l'œuf, de l'arachide, des fruits exotiques
- des venins d'hyménoptères (abeille, guêpe, frelon)

Physiopathologie de la réaction allergique

Plusieurs étapes :
- SENSIBILISATION :
  - le plus souvent pendant la petite enfance
  - condition nécessaire mais pas suffisante pour une maladie atopique
- DÉCLENCHEMENT DE LA RÉACTION ALLERGIQUE à l'occasion d'une nouvelle rencontre de l'allergène

Manifestation d'un choc anaphylactique

- Manifestation systémique la plus grave de l'allergie.
- La gravité est souvent corrélée à sa rapidité d'installation.
- PRÉMICES : prurit, urticaire.
- Cyanose, hypotension, collapsus, perte de conscience.
- Coloration rose voire rouge de la peau (choc « homard » des anesthésistes…).
- URGENCE DIAGNOSTIQUE ET THÉRAPEUTIQUE +++.

Démarche diagnostique

Clinique :
- conjonctivite allergique
- rhinite allergique
- asthme
- manifestations cutanées : eczéma, dermatite atopique, urticaire
- œdème de Quincke

Interrogatoire du patient :
- fondamental +++
- diagnostic
- retentissement sur la qualité de vie
- imputation à un ou plusieurs allergènes
- stratégie thérapeutique (éviction de l'allergène) et préventive (éviter es facteurs sensibilisants)

POINTS FONDAMENTAUX :
- ▶ antécédents familiaux
- ▶ terrain atopique
- ▶ identification précise de toutes les manifestations allergiques
- ▶ ordre chronologique d'apparition et éventuellement de disparition
- ▶ recherche des signes de gravité (durée, fréquence, intensité des manifestations)
- ▶ retentissement sur la vie quotidienne
- ▶ manifestations systémiques
- ▶ identification de l'allergène en cause (contexte de survenue, notion d'exposition)

L'imputation d'un allergène est facile lorsqu'on a les séquences :
- ▶ exposition = manifestation
- ▶ éviction = amelioration, voire guérison

Examens complémentaires à prescrire :
- ▶ tests cutanés : les Prick-tests sont les plus utilisés
  - ◆ réservés aux malades *a priori* mono- ou paucisensibilisés chez lesquels une éviction (éventuellement une désensibilisation) est envisagée
  - ◆ sont à la base du diagnostic allergologique
  - ◆ contre-indications :
    - • grossesse
    - • enfant < 3 ans
    - • dermatite atopique en poussée
    - • infection cutanée
    - • antécédents de manifestations systémiques graves
- ▶ tests de provocation :
  - ◆ en milieu hospitalier
  - ◆ moins utilisés
  - ◆ reproduction de l'exposition
  - ◆ surveillance stricte imposée
- ▶ dosage des IgE : peu d'intérêt
- ▶ recherche d'IgE spécifiques :
  - ◆ mêmes indications que les tests cutanés
  - ◆ lorsque ceux-ci sont contre-indiqués

Traitements à préconiser

- ▶ Éviction.
- ▶ Traitements médicamenteux :
  - ◆ corticoïdes
  - ◆ antihistaminiques (rhinites et conjonctivites, urticaire et phénomènes œdémateux, allergiques en application locale)

- ► Désensibilisation :
  - ◆ spécifique d'un allergène
  - ◆ indications limitées au(x) :
    - • venin d'hyménoptère
    - • acariens
    - • pollens

Le mot du conférencier

Prévalence

Constante augmentation depuis 30 ans dans tous les pays développés ; environ 25 % de la population française, tous âges confondus, est actuellement concernée.

Urgence

Le choc anaphylactique, l'œdème de Quincke, l'asthme grave sont des situations cliniques auxquelles tout médecin peut être confronté et qui requièrent un diagnostic et un traitement en urgence.

Gravité

Les situations d'urgence font courir un risque mortel ; par ailleurs la morbidité chronique en relation avec les pathologies allergiques a un impact important sur la qualité de vie et génère des coûts sociaux directs et indirects élevés.

Importance des INTERVENTIONS NON MÉDICAMENTEUSES (éviction, action sur l'environnement, alimentation, modification des activités professionnelles…) Une prise en charge « intelligente » implique une connaissance « intégrée » de la physiopathologie. Les recettes ne suffisent pas. Il y a interférence avec les prises en charge nutritionnelle, vaccinale et infectiologique de la petite enfance. Il y a nécessité de coordination avec des intervenants non médicaux (pour les mesures sur l'environnement ; à l'école, dans la pratique sportive, au travail…).

Ces maladies sont chroniques évoluant par poussée. Elles constituent un problème de santé publique, du fait des consultations répétées, de la consommation médicamenteuse et de l'impact des manifestations cliniques, même bénignes, sur la qualité de vie.

Les allergènes sont classés en cinq grandes catégories :

- les pneumallergènes (inhalés) ;
- les trophallergènes (ingérés) ;
- les allergènes transcutanés ;
- les allergènes médicamenteux ;
- les allergènes professionnels ;
- les venins.

ITEM 115

Allergies respiratoires chez l'enfant et chez l'adulte

Objectifs : *Diagnostiquer une allergie respiratoire chez l'enfant et chez l'adulte.*
Argumenter l'attitude thérapeutique et planifier le suivi du patient.

Définition de la rhinite allergique

= Symptomatologie nasale induite par l'exposition à un allergène.

Épidémiologie de la rhinite allergique

► Problème de santé publique.
► Touche 20 % de la population générale.

Principaux allergènes en cause

► Acariens.
► Pollens.
► Blattes.
► Phanères d'animaux.
► Moisissures.
► Aliments.
► Professionnels.

Physiopathologie de la rhinite allergique en une phrase

Il s'agit de l'expression de l'hypersensibilité immédiate (type I) au niveau de l'appareil respiratoire.

Symptômes fréquents de la rhinite allergique

► Rhinorrhée.
► Obstruction nasale.
► Écoulement nasal.

© 2009 Elsevier Masson SAS. Tous droits réservés

▶ Prurit nasal.
▶ Éternuements.
Tous ces symptômes sont réversibles avec ou sans traitement.

Diagnostics différentiels

◆ Rhinites infectieuses.
◆ Corps étranger.
◆ Tumeur des fosses nasales.
◆ Malformations.

Poser le diagnostic de rhinite infectieuse

UN INDICE = RAPIDITÉ DE RÉPONSE À UN TRAITEMENT ANTI-HISTAMINIQUE.

Démarche allergologique à entreprendre

▶ Interrogatoire :
◆ antécédents familiaux ou personnels d'atopie
◆ conditions d'habitation, environnement domestique
◆ facteurs aggravants (tabac)
◆ circonstances de survenue typiques (allergène en cause)
▶ Dosages biologiques :
◆ IgE totales souvent élevées
◆ hyperéosinophilie
◆ recherche d'IgE spécifiques
▶ Tests cutanés (Prick-tests) confirment la sensibilisation à l'allergène.
▶ Tests de provocation : non réalisés en pratique courante.

Prise en charge

▶ ÉVICTION DES ALLERGÈNES +++ :
◆ lutte contre les acariens
◆ éviction des animaux domestiques
▶ TRAITEMENT MÉDICAMENTEUX :
◆ antihistaminiques
◆ ± corticothérapie

Place de l'immunothérapie spécifique

Réservée aux SUJETS JEUNES MONOSENSIBILISÉS.

Le mot du conférencier

Pour lutter contre les acariens :

- hygiène de la maison ;
- température à 18–20 °C ;
- humidité < 50 % ;
- ménage soigneux ;
- aérer régulièrement ;
- éviter moisissures et pellicules ;
- sommier à lattes > ressorts ;
- housse anti-acariens.

ITEM 120

Pneumopathie interstitielle diffuse

Objectif : Diagnostiquer une pneumopathie interstitielle diffuse.

Principales étiologies à retenir

► PNEUMOPATHIES INTERSTITIELLES IATROGÈNES.
► PNEUMOPATHIES INTERSTITIELLES DE NATURE INFECTIEUSE (TUBERCULOSE, VIH, PNEUMOCYSTIS...).
► PNEUMOPATHIES D'HYPERSENSIBILITÉ (poumon d'éleveurs d'oiseaux, poumon de fermier...).
► PNEUMOPATHIES INTERSTITIELLES DE NATURE NÉOPLASIQUE (lymphome, lymphangite, hémopathies...).
► PNEUMOCONIOSES (silicose, pneumoconiose du mineur de charbon, asbestose...).
► SARCOÏDOSE.
► HISTIOCYTOSE X.
► PNEUMOPATHIES INTERSTITIELLES ASSOCIÉES AUX COLLAGÉNOSES (sclérodermie, maladie rhumatoïde, myopathies inflammatoires chroniques, syndrome de Sjögren...).
► PNEUMOPATHIES INTERSTITIELLES DIFFUSES IDIOPATHIQUES.
► POUMON « CARDIAQUE ».

Approche diagnostique à adopter

Interrogatoire :
IRREMPLAÇABLE +++
► mode de début de la maladie, aigu ou lentement progressif
► signes généraux (fièvre) ou totalement latent
► terrain : cardiopathie sous-jacente, néoplasie traitée auparavant
► exposition professionnelle : particules minérales, poussières organiques (⚠ si oubli)
► habitudes de vie du patient, ses loisirs (exposition aux antigènes aviaires, etc.)
► Traitement habituel : médicaments (amiodarone, bêtabloquants, nitrofurantoïne, bléomycine)

© 2009 Elsevier Masson SAS. Tous droits réservés

Signes cliniques :
- ► inconstants, non spécifiques
- ► dyspnée reflet de la sévérité
- ► RÂLES CRÉPITANTS
- ► HIPPOCRATISME DIGITAL

Radiographie et tomodensitométrie :
- ► RADIOGRAPHIE THORACIQUE caractérisée par des opacités interstitielles :
  - ◆ à limites nettes, non confluantes
  - ◆ non systématisées, sans bronchogramme aérien
  - ◆ bilatérales mais pas forcément symétriques
  - ◆ en verre dépoli
  - ◆ réticulées
  - ◆ réticulo-nodulaires
  - ◆ linéaires
  - ◆ au maximum images en rayon de miel
- ► Apport de la tomodensitométrie thoracique, en coupes fines, parenchymateuses:
  - ◆ sensibilité supérieure à celle de la RxT
  - ◆ verre dépoli, augmentation de densité du parenchyme pulmonaire
  - ◆ nodules, flous ou bien limités, de taille variable
  - ◆ infiltrats, condensations a bords mal limités, avec ou sans bronchogramme
  - ◆ opacités linéaires
  - ◆ kystes

Bilan à prescrire en dehors de l'imagerie

Exploration fonctionnelle respiratoire :
REFLÈTE LA SÉVÉRITÉ DE LA MALADIE.
- ► trouble ventilatoire restrictif :
  - ◆ diminution de la capacité pulmonaire totale > 20 % de la théorique
  - ◆ conservation du rapport de Tiffeneau VEMS/CV
  - ◆ diminution de la compliance
  - ◆ diminution du DLCO
- ► plus rarement, trouble ventilatoire obstructif

Biologie et immunologie :
- ► VS, CRP, FIBRINOGÈNE (syndrome inflammatoire)
- ► AUTO-ANTICORPS (facteur rhumatoïde, anticorps antinucléaires) oriente vers une collagénose ou la fibrose pulmonaire primitive
- ► ATTEINTE RÉNALE BIOLOGIQUE (collagénose)
- ► IDR (NÉGATIVITÉ DE L'INTRADERMORÉACTION À LA TUBERCULINE)

► ÉLÉVATION DE L'ENZYME DE CONVERSION évocatrice de la sarcoïdose
► PRÉCIPITINES SPÉCIFIQUES D'UN ANTIGÈNE = argument en faveur d'une pneumopathie d'hypersensibilité
► GDS : effet shunt (PaO2 + PaCO2 < 120 mmHg)

Lavage broncho-alvéolaire (LBA) :
Méthode simple d'investigation réalisée au cours d'une endoscopie bronchique :
► ÉLÉMENT DE CERTITUDE DIAGNOSTIQUE
► ÉLÉMENT D'ORIENTATION ÉTIOLOGIQUE
► ANATOMOPATHOLOGIE (avec formule du liquide alvéolaire)
L'OBTENTION D'UNE « PREUVE » HISTOLOGIQUE DE LA MALADIE REPRÉSENTE UNE ÉTAPE FONDAMENTALE DU DIAGNOSTIC ÉTIOLOGIQUE.
Penser à l'éviction du facteur causal (⚠ si oubli).

Le mot du conférencier

Le terme de pneumopathie interstitielle diffuse regroupe l'ensemble des maladies qui intéressent l'interstitium, quels que soient le mode évolutif et le degré des lésions.

Les pneumopathies interstitielles diffuses se définissent par l'existence sur la radiographie thoracique d'opacités diffuses nodulaires et/ou linéaires de nature et de topographie variables.

La menace à terme est la constitution d'une fibrose interstitielle diffuse, stade ultime très peu sensible au traitement et de pronostic sombre.

La démarche diagnostique repose sur le LBA et l'imagerie.
• LBA normal :
  – 150 000 éléments/mL ;
  – 90 % de macrophages ;
  – 10 % de lymphocytes ;
  – < 2 % de neutrophiles.
• En cas de prédominance :
  – lymphocytaire : sarcoïdose, hypersensibilité, lymphomes, cancer ;
  – neutrophiles : histiocytose X, fibrose, connectivites ;
  – particules minérales : silicose, asbestiose, bérylliose.
L'existence d'une symptomatologie extrarespiratoire permet d'aller rapidement au devant du diagnostic :
• localisations cutanées ou ganglionnaires évocatrices d'une sarcoïdose ;

- manifestations systémiques compatibles avec une collagénose.

L'exploration fonctionnelle respiratoire est souvent normale au cours de la sarcoïdose en dépit d'images radiologiques impressionnantes.

ITEM 124

Sarcoïdose

Objectif :   Diagnostiquer une sarcoïdose.

Définition de la sarcoïdose

Maladie granulomateuse diffuse :
- ► étiologie inconnue
- ► tropisme respiratoire
- ► caractérisée par un granulome épithélioïde et gigantocellulaire sans nécrose caséeuse

Circonstances de découverte d'une sarcoïdose

- ► Radiographie de thorax systématique.
- ► Signes fonctionnels respiratoires non spécifiques (toux irritative, non productive et dyspnée d'effort).
- ► Altération modérée de l'état général, fièvre et amaigrissement.
- ► Localisation extrathoracique.
- ► Syndrome de Löfgren :
  - ◆ fièvre
  - ◆ érythème noueux
  - ◆ arthralgies, arthrites
  - ◆ adénopathies médiastinales
  - ◆ intradermoréaction à la tuberculine négative

Signes radiologiques de la sarcoïdose

- ► STADE 1= LE PLUS FRÉQUENT :
  - ◆ ADÉNOPATHIES MÉDIASTINALES ISOLÉES, SANS IMAGE PARENCHYMATEUSE
  - ◆ adénopathies :
    - • à prédominance hilaire et interbronchique
    - • bilatérales
    - • symétriques
    - • jamais compressives
    - • respectant les clartés bronchiques

▶ STADE 2 = ADÉNOPATHIES ET ATTEINTE PARENCHYMATEUSE : infiltrat interstitiel diffus, micro- ou réticulo-nodulaire.
▶ STADE 3 = ATTEINTE PARENCHYMATEUSE (INTERSTITIELLE) SANS ADÉNO-PATHIE.
▶ STADE 4 = FIBROSE PULMONAIRE (LÉSIONS IRRÉVERSIBLES).

Apport du scanner thoracique devant une suspicion de sarcoïdose (coupes fines millimétriques)

▶ Adénopathies infracentimétriques.
▶ Lésions parenchymateuses.
▶ Évolutivité/réponse au traitement.
▶ Rechercher des complications (fibrose).

Manifestations extrathoraciques de la sarcoïdose

▶ SG :
  ◆ AEG
  ◆ fièvre
▶ Adénopathies périphériques et splénomégalie : site de biopsie d'accès facile +++.
▶ Oculaires :
  ◆ 15 % des cas
  ◆ uvéite antérieure +++
  ◆ syndrome de Heerfordt : parotidite bilatérale + paralysie faciale + uvéite antérieure + fièvre
▶ Cardiaques :
  ◆ grave
  ◆ troubles du rythme et de la conduction
  ◆ ECG systématique +++
▶ Cutanées :
  ◆ érythème noueux
  ◆ sarcoïdes
▶ Ostéo-articulaires :
  ◆ arthralgies, arthrites
  ◆ ostéites
▶ Neurologiques : rares.
▶ Manifestations rénales :
  ◆ néphropathie interstitielle
  ◆ lésions secondaires à l'hypercalcémie (lithiases, néphrocalcinose)
▶ Hypercalcémie.

Bilan à prescrire devant une suspicion de sarcoïdose

- Biologie :
  - NFS VS CRP : pas de syndrome inflammatoire
  - EPP : hypergammaglobulinémie polyclonale
  - hypercalcémie
  - ECA (enzyme de conversion de l'angiotensine) augmenté
  - urée créatininémie : retentissement rénal
- Imagerie :
  - RX THORAX FACE ET PROFIL (cf. STADES)
  - SCANNER THORACIQUE COUPES FINES
- EFR :
  - spirométrie normale ou syndrome restrictif
  - GDS normaux
  - contraste avec imagerie +++
- ECG :
  - hypercalcémie
  - BAV
  - troubles du rythme
- Fibroscopie + LBA systématique (cf. item 7).
- Examen ophtalmologique (uvéite, Heerfordt).
- Scintigraphie au gallium : recherche de lésions actives.

Poser le diagnostic positif de sarcoïdose

- SYNDROME DE LÖFGREN SUFFIT AU DIAGNOSTIC.
- PREUVE HISTOLOGIQUE : GRANULOME
  - PAR FIBROSCOPIE + LBA SYSTÉMATIQUE :
    - augmentation du rapport CD4/CD8
    - biopsies étagées
    - élimine diagnostic différentiel
  - biopsie de glandes salivaires accessoires
  - biopsie d'adénopathie accessible

Diagnostics différentiels

Toutes les autres pneumopathies interstitielles diffuses (cf. item 120).

Critères pronostiques défavorables

- Début après 40 ans.

- Origine africaine noire ou antillaise.
- Antécédent familial de sarcoïdose grave.
- Localisations extrarespiratoires graves.
- Dissémination stades 3 et 4 radiographiques.
- Syndrome obstructif.
- Chronicité.
- Progression rapide.

Évolution d'une sarcoïdose

- Spontanément favorable +++.
- Évolution vers la fibrose pulmonaire rare < 10 %.
- Surveillance clinique et paraclinique régulière +++.

Signes biologiques d'activité de la maladie

- Lymphocytose élevée au LBA > 50 %.
- Taux élevé de l'enzyme de conversion.
- Importante hypercalcémie.
- Intensité de fixation du gallium.

Traitement de la maladie

- INUTILE DANS LA GRANDE MAJORITÉ DES CAS.
- Le traitement de référence est la CORTICOTHÉRAPIE générale, efficace, rapide d'action.
- INDICATION FORMELLE :
    - localisations graves extrapulmonaires
    - évolutivité avec signes généraux
    - aggravation progressive de l'atteinte respiratoire
- MESURES ASSOCIÉES :
    - PAS DE SUPPLÉMENTATION Ca ET VITAMINE D en cas d'hypercalcémie avérée
    - TRAITEMENT ANTIPARASITAIRE CHEZ LES ANTILLAIS (⚠ si oubli)

Le mot du conférencier

- Aucun des éléments cliniques et paracliniques de la sarcoïdose n'est spécifique à lui seul.
- Le diagnostic repose sur un faisceau d'arguments positifs.
- Il est frappant de noter la discrétion paradoxale des signes physiques en regard de l'importance des lésions radiographiques.

- Les autres causes de granulomatose doivent être éliminées en particulier la tuberculose.
- Stratégie diagnostique = biopsie des sites les plus accessibles +++ (biopsie des glandes salivaires accessoires, adénopathies accessibles).
- Bien penser aux complications (hypercalcemié +++).
- La thérapeutique n'a sa place que dans les formes graves (et rares).
- Attention au piège de la supplémentation en vitamine D et calcium en cas de traitement par corticothérapie qui n'a pas sa place pour la sarcoïdose (hypercalcémie).

Tumeurs du poumon, primitives et secondaires

Objectifs : *Diagnostiquer une tumeur du poumon primitive et secondaire.*
Argumenter l'attitude thérapeutique et planifier le suivi du patient.

Épidémiologie du cancer bronchique

- Âge médian : 60 ans.
- 70 % des patients ont entre 50 et 70 ans au moment du diagnostic.
- Sex-ratio : 6/1.
- 25 000 décès/an.

Facteurs de risque reconnus

Tabac +++ :
- 90 % des décès par cancer bronchopulmonaire chez l'homme
- le parallélisme entre la consommation de cigarettes et l'incidence du cancer bronchopulmonaire est reconnu de longue date
- le risque relatif d'un fumeur est de 10 fois celui du non fumeur
- quantification en paquets/années
- pas de véritable seuil déclenchant
- rôle du tabagisme passif en cours d'évaluation
- carcinogènes en cause : benzopyrènes, hydrocarbures, nitrosamines, phénols, arsenic

Expositions professionnelles :
RÔLE PARFOIS SOUS-ESTIMÉ EN RAISON DU FACTEUR CONFONDANT TABAC. INTERROGATOIRE PROFESSIONNEL SOIGNEUX +++ (⚠ si oubli).
- amiante : charpentiers des chantiers navals, couvreurs, mécaniciens autos, électriciens, agents d'entretien dans les imprimeries, ouvriers du textile
- nickel : ouvriers travaillant à l'affinage, au frittage et à l'extraction
- chrome : chromage, tannage, production de pigments
- arsenic : mineurs, fondeurs de minerai, personnes au contact de pesticides
- éthers
- hydrocarbures
- radiations ionisantes

Formes anatomopathologiques

- ◆ Cancer bronchique épidermoïde (45 %).
- ◆ Cancer bronchique à petites cellules (25 %).
- ◆ Adénocarcinome bronchique (20 %).
- ◆ Épithélioma bronchique à grandes cellules (10 %).

Circonstances de découverte du diagnostic

Signes cliniques :
- ▶ en rapport avec la tumeur bronchique :
  - ◆ toux : le plus fréquent des symptômes inauguraux
  - ◆ expectoration : phénomène en fait rare et tardif
  - ◆ dyspnée
  - ◆ hémoptysie : rare, mais elle alerte davantage le patient
- ▶ en rapport avec l'extension locorégionale :
  - ◆ syndrome cave supérieur associant :
    - • céphalées
    - • cyanose de la face
    - • œdème en pèlerine
    - • turgescence des jugulaires
    - • circulation collatérale thoracique antérieure
    - • relativement fréquent
    - • en rapport avec l'engainement ou la compression de la veine cave supérieure par la tumeur ou par une adénopathie latérotrachéale droite
  - ◆ compression œsophagienne à l'origine d'une dysphagie :
    - • par la tumeur
    - • ou par une adénopathie
  - ◆ épanchements pleuraux :
    - • généralement secondaires à l'envahissement de la plèvre viscérale = néoplasiques
    - • parfois simplement liés à une atélectasie
  - ◆ tamponnade, arythmie récente = envahissement péricardique
  - ◆ hoquet ou paralysie phrénique = compression du nerf phrénique
  - ◆ douleurs pariétales thoraciques, fixées, insomniantes = envahissement de la paroi par la tumeur
  - ◆ dysphonie = compression du nerf récurrent gauche sous la crosse de l'aorte, par une adénopathie ou par la tumeur
  - ◆ adénopathie sus-claviculaire
  - ◆ syndrome de Pancoast-Tobias associe :

- douleurs scapulaires
- douleurs de type radiculaire C8–D1 irradiant jusqu'au 5e doigt
- syndrome de Claude-Bernard-Horner homolatéral (myosis, enophtalmie et rétrécissement de la fente palpébrale)
- signes liés à un cancer de l'apex envahissant le plexus brachial, le ganglion stellaire sympathique et détruisant les deux premiers arcs costaux

> TOUS LES SIGNES EN RAPPORT AVEC UNE EXTENSION LOCORÉGIONALE ÉLIMINENT D'EMBLÉE TOUTE POSSIBILITÉ CHIRURGICALE À L'EXCEPTION PARFOIS DE L'ENVAHISSEMENT PARIÉTAL.

▶ en rapport avec l'extension métastatique :
les sites métastatiques les plus fréquents sont :
- ◆ foie
- ◆ os
- ◆ système nerveux central
- ◆ métastases surrénaliennes sont fréquentes

Signes généraux :
▶ pas spécifiques, mais mauvais pronostic : altération de l'état général (Karnofsky), amaigrissement…
- ◆ en rapport avec des syndromes paranéoplasiques
- ◆ seulement dans le cancer bronchique non à petites cellules : SYNDROME DE PIERRE-MARIE (ostéoarthropathie hypertrophiante pneumique, hypercalcémie)

▶ spécifiques du cancer bronchique à petites cellules :
- ◆ SYNDROME DE SCHWARTZ-BARTTER en rapport avec une sécrétion inappropriée d'hormone antidiurétique
- ◆ SYNDROME DE CUSHING
- ◆ SYNDROME DE LAMBERT-EATON

Poser le diagnostic de cancer bronchique

Radiographie pulmonaire de face et de profil :
▶ nodule pulmonaire
▶ trouble de ventilation
▶ signes associés :
- ◆ épanchement pleural
- ◆ adénopathies médiastinales
- ◆ lyse costale métastatique

Bronchofibroscopie :
- ► ÉLÉMENT MAJEUR DU DIAGNOSTIC +++ :
  - ◆ diagnostic macroscopique :
    - • bourgeon
    - • infiltration
    - • compression
  - ◆ prélèvements :
    - • biopsie
    - • aspiration (cytologie)
  - ◆ NORMALE, N'ÉLIMINE PAS LE DIAGNOSTIC

Bilan d'extension nécessaire

Il est indispensable car les indications thérapeutiques en dépendent.

Scanner thoracique systématique : préciser la topographie de la tumeur (rapports avec la paroi ou le médiastin), adénopathies médiastinales (taille/nombre/topographie).

Échographie abdominale : réalisée de principe, c'est un examen sensible pour la détection des métastases hépatiques.

Scanner surrénalien : plus sensible que l'échographie pour la détection des métastases surrénaliennes.

Scanner cérébral : réalisé de principe par certains, ne l'est pour d'autres qu'en cas de signes neurologiques d'appel.

Scintigraphie osseuse : examen sensible mais non spécifique.

Ponction biopsie osseuse : pratiquée en cas de cancer bronchique à petites cellules, les métastases médullaires osseuses y étant très fréquentes.

TEP (PET des Anglo-Saxons) :
- ► a une indication élective dans le bilan préopératoire des cancers bronchiques non à petites cellules et dans leur suivi
- ► au terme de ce bilan, la maladie peut être classée selon la codification TNM

Prise en charge du cancer bronchique

Cancer bronchique non à petites cellules :
- ► CHAQUE FOIS QUE POSSIBLE, UNE INTERVENTION EST RÉALISÉE
- ► SEUL TRAITEMENT SUSCEPTIBLE D'ASSURER UNE SURVIE > 5 ANS
- ► possible seulement dans moins de 25 % des cas
- ► Intervention envisageable seulement dans les stades localisés

► BILAN D'OPÉRABILITÉ :
  ◆ EFR
  ◆ scintigraphie pulmonaire de perfusion
  ◆ examen cardiovasculaire approfondi
  ◆ fonctions rénale et hépatique
  ◆ âge limite fixé à 75 ans
► chimiothérapie préopératoire de plus en plus fréquemment réalisée
► selon les cas, une lobectomie, une bilobectomie ou une pneumonectomie est réalisée
► en cas de contre-indication médicale ou de refus du patient, une radiothérapie ± chimiothérapie est proposée

Cancer bronchique à petites cellules :
► dans tous les cas, CHIMIOTHÉRAPIE
► si localisée (limitée à l'hémithorax) association chimiothérapie + RADIOTHÉRAPIE
► si réponse complète (disparition de toute masse tumorale visible), IRRADIATION PROPHYLACTIQUE DE L'ENCÉPHALE

ENFIN, POUR LES TRÈS RARES CAS DE FORMES TRÈS LIMITÉES DE CANCER BRONCHIQUE À PETITES CELLULES (MOINS DE 5 %), L'INDICATION CHIRURGICALE EST DISCUTÉE.

Résultats du traitement

Dans le cancer bronchique non à petites cellules : ils sont très conditionnés par la résécabilité donc par l'extension de la maladie.

Dans le cancer bronchique à petites cellules :
► la médiane de survie des formes localisées est de 16 à 20 mois
► formes disséminées 8 à 12 mois

Traitements symptomatiques à prévoir

► PEC de la douleur :
  ◆ antalgiques +++
  ◆ traitement local (infiltration, alcoolisation ou irradiation d'une métastase osseuse)
► Dyspnée :
  ◆ traitement très difficile
  ◆ kinésithérapie respiratoire
  ◆ corticothérapie
  ◆ mise en place d'une prothèse endobronchique possible
► Hémoptysies : parfois embolisation.

Mesures associées au traitement à prévoir

► ARRÊT DU TABAC (si oubli).
► Arrêt de travail puis reclassement professionnel.
► DÉCLARATION MALADIE PROFESSIONNELLE.
► Prise en charge à 100 % (ALD 30).
► Réhydratation.
► Renutrition.

Le mot du conférencier

- Question de cancérologie, se concentrer sur la prise en charge des facteurs de risque, sociale et symptomatique plus que sur le traitement oncologique qui lui est à la limite des connaissances pour l'ECN.
- L'augmentation de l'incidence du cancer bronchopulmonaire se poursuit de façon exponentielle chez l'homme alors que, le tabagisme féminin n'étant pas très ancien, ce n'est que depuis tout récemment qu'on observe une augmentation de cette pathologie chez la femme.

ITEM 193

Détresse respiratoire aiguë de l'adulte

Objectifs :   *Diagnostiquer une détresse respiratoire aiguë de l'adulte.*
Diagnostiquer un corps étranger des voies aériennes supérieures.
Identifier les situations d'urgence et planifier leur prise en charge.

Définition d'une détresse respiratoire

▶ Défaillance du système respiratoire d'installation aiguë avec mise en jeu du pronostic vital.
▶ Installation rapide d'une hypoxie avec hypercapnie aux gaz du sang.

Signes cliniques à rechercher devant une détresse respiratoire

AVANT TOUT RECHERCHER DES SIGNES D'INSUFFISANCE RESPIRATOIRE AIGUË ET DE MAUVAISE TOLÉRANCE HÉMODYNAMIQUE +++.

Signes de gravité à rechercher en premier :
▶ cyanose ++
▶ signes liés à l'hypercapnie : sueurs, érythrose faciale, HTA, somnolence, troubles du comportement, *flapping tremor*
▶ signes d'épuisement : polypnée superficielle, tirage, respiration abdominale paradoxale
▶ signes de retentissement hémodynamique : tachycardie supérieure à 110 bpm, signes de choc
▶ encombrement avec toux inefficace
▶ signes de retentissement neuropsychique : astérixis, obnubilation, agitation, coma...

Mesures d'urgence à instaurer en présence de ces signes :
▶ oxygénothérapie
▶ désobstruction des voies aériennes
▶ voire ventilation au masque/intubation orotrachéale
▶ pose de voies veineuses
▶ transfert en unité de réanimation
▶ réalisation du bilan minimal (radiographie de thorax, gaz du sang artériels, ECG, DEP)

Pneumologie
© 2009 Elsevier Masson SAS. Tous droits réservés

Autres éléments à rechercher :
- interrogatoire :
  - antécédents personnels, pneumologiques, cardiovasculaires
  - caractères de la dyspnée : aiguë, chronique, paroxystique
  - mode d'installation : progressif sur plusieurs jours, brutal
  - identification d'un facteur déclenchant (allergène, décompensation cardiaque)
- clinique :
  - orthopnée ? platypnée ?
  - fréquence respiratoire ++ et rythme respiratoire
  - temps : expiratoire, inspiratoire aux deux temps
  - intensité de la dyspnée : effort, repos, signes de détresse
  - symptômes associés évocateurs d'une étiologie : toux, expectorations, fièvre, hémoptysies
  - mouvements thoraciques/asymétrie
  - percussion : matité, tympanisme
  - bruits respiratoires : stridor, sibilants, ronchis, râles crépitants, silence auscultatoire
  - encombrement

Diagnostics de dyspnée aiguë à éliminer avant de proposer une prise en charge cardiorespiratoire :
- anémie aiguë ou sévère
- acidose métabolique (acidocétose, insuffisance rénale sévère)
- pathologies neurologiques

Principales étiologies des dyspnées

Dyspnée laryngée : inspiratoire et bruyante (stridor, cornage)
- bradypnée inspiratoire bruyante
- œdème de Quincke
- épiglottite
- cancer laryngé
- tumeur, compression ou sténose trachéale
- corps étranger +++ chez l'enfant (rechercher syndrome de pénétration)
- paralysie des cordes vocales

Dyspnée bronchique : expiratoire avec sibilants et ronchis
- BPCO décompensée
- crise d'asthme
- œdème pulmonaire (++ chez le sujet âgé «asthme cardiaque»)

Dyspnée pulmonaire avec râles crépitants :
- œdème pulmonaire aigu

- œdème pulmonaire lésionnel (SDRA)
- pneumopathies infectieuses
- pneumopathies diffuses ou fibroses

Dyspnée avec asymétrie et/ou silence auscultatoire :
- pneumothorax
- épanchement pleural
- atélectasie (rechercher corps étranger ou tumeur)
- paralysie phrénique (rare)

Encombrement diffus :
- coma
- crise d'épilepsie
- bronchite aiguë du sujet âgé
- œdème pulmonaire hémodynamique
- fausses déglutitions

Dyspnée ou polypnée avec auscultation normale :
- embolie pulmonaire
- tamponnade péricardique
- anémie aiguë
- choc septique
- acidose métabolique
- atteintes neuromusculaires (Guillain-Barré, myasthénie)
- crise de panique

Examens complémentaires à réaliser en urgence

- Gazométrie artérielle.
- Biologie : hémogramme, ionogramme, glycémie, D-dimères, pro-BNP.
- D-dimères.
- BNP.
- Débit expiratoire de pointe.
- Rx thorax.
- ECG.
- bilan étiologique orienté en fonction de l'examen clinique.

Le mot du conférencier

- Question classique d'orientation diagnostique, bien connaître les signes cliniques typiques de chaque étiologie pour orienter le bilan.
- La prise en charge immédiate et le bilan de base sont initialement similaires quelle que soit la cause.

ITEM 198

Dyspnée aiguë et chronique

Objectifs :   *Diagnostiquer une dyspnée aiguë et chronique.*
Identifier les situations d'urgence et planifier leur prise en charge.

Définition de la dyspnée

Perception consciente d'une gêne respiratoire.

Conduite à tenir devant une dyspnée

▶ Appréciation de la tolérance :
- ◆ insuffisance respiratoire aiguë : cyanose, sueurs, polypnée, bradypnée, tirage, balancement thoraco-abdominal
- ◆ troubles hémodynamiques : tachycardie, signes de choc
- ◆ retentissement neuropsychique : agitation, troubles de la conscience, coma
▶ Prise en charge en urgence avec :
- ◆ libération des VAS
- ◆ oxygénothérapie nasale
- ◆ ± intubation orotrachéale

Caractériser une dyspnée

Interrogatoire :
▶ type :
- ◆ CYCLE : inspiratoire, expiratoire, à deux temps (Kussmaul)
- ◆ DURÉE : aiguë ou chronique
- ◆ FRÉQUENCE RESPIRATOIRE : poly- ou bradypnée
▶ circonstances de survenue :
- ◆ repos, effort, décubitus dorsal
- ◆ horaire diurne ou nocturne
- ◆ facteurs déclenchants (allergènes, prise médicamenteuse…)
▶ signes d'accompagnement :
- ◆ toux
- ◆ expectoration

© 2009 Elsevier Masson SAS. Tous droits réservés

► terrain :
- ◆ âge
- ◆ mode de vie
- ◆ tabagisme
- ◆ profession : exposition professionnelle
- ◆ antécédents pneumo ou cardiaques

Examen clinique :
COMPLET +++ :
- ► pulmonaire : inspection, auscultation, palpation, percussion
- ► cardiovasculaire : insuffisance cardiaque, souffle
- ► extrathoracique : téguments, hippocratisme digital

Examens complémentaires :
SYSTÉMATIQUES :
- ► NFS, ionogramme sanguin, créatininémie, glycémie
- ► gaz du sang
- ► ECG
- ► radiographie thoracique

Étiologies d'une dyspnée aiguë et d'une dyspnée chronique

Dyspnée aiguë :
- ► auscultation anormale :
  - ◆ dyspnée inspiratoire laryngée (œdème de Quincke, épiglottite, corps étranger)
  - ◆ sibilants expiratoires (BPCO, asthme, dilatation des bronches, OAP)
  - ◆ crépitants (OAP, SDRA, pneumopathie infectieuse)
  - ◆ asymétrie ou silence (pneumothorax, pleurésie, atélectasie)
- ► auscultation normale :
  - ◆ dyspnée de Kussmaul : acidose métabolique
  - ◆ embolie pulmonaire (radio normale +++)
  - ◆ tamponnade péricardique (+ signes d'insuffisance ventriculaire droite +++)
  - ◆ anomalies de la paroi thoracique ou maladies neuromusculaires
  - ◆ anémie aiguë
  - ◆ psychogène (diagnostic d'élimination)

Dyspnée chronique :
- ► insuffisance respiratoire chronique (*cf.* item 254)
- ► insuffisance cardiaque
- ► anémie chronique

Le mot du conférencier

Question assez simple, bien connaître l'orientation diagnostique et s'orienter à l'aide du temps de la dyspnée (expiratoire/inspiratoire) et de l'auscultation pulmonaire.

Sujet déjà tombé aux ECN 2005 transversal (penser à l'anémie comme étiologie en plus des maladies respiratoires).

Les différents types de dyspnée sont :

- expiratoire : allongement du temps expiratoire, elle signe un obstacle intrathoracique ;
- inspiratoire : allongement du temps inspiratoire, elle signe un obstacle extrathoracique ;
- aux deux temps : obstacle glottique ou trachéal.

Asthme de l'adulte

Objectifs :   *Diagnostiquer un asthme de l'adulte.*
Identifier les situations d'urgence (P) et planifier leur prise en charge.
Argumenter l'attitude thérapeutique et planifier le suivi du patient.
Décrire les principes de la prise en charge au long cours.

Définition

- ► Maladie chronique associant inflammation et hyperréactivité bronchique des voies aériennes.
- ► Épisodes récidivants de dyspnée, de sifflements et de toux.
- ► Symptômes (liés à un trouble ventilatoire obstructif) au moins partiellement réversibles, spontanément ou sous traitement.

Épidémiologie

- ► LA PLUS FRÉQUENTE DES MALADIES DE L'ENFANT.
- ► Prévalence : 12 % CHEZ L'ENFANT, 6 % CHEZ L'ADULTE (en augmentation ces dernières années).
- ► 1 cas d'asthme sur 10 serait lié à des facteurs professionnels.

Facteurs favorisants

À RECHERCHER SYSTÉMATIQUEMENT À L'INTERROGATOIRE ET ÉVIDEMMENT À ÉRADIQUER DÈS QUE POSSIBLE ++ (⚠ si oubli) :
- ► TABAC
- ► PNEUMALLERGÈNES : acariens, chats, moisissures, pollens
- ► allergènes PROFESSIONNELS (ex. classiques : farines, isocyanates, latex)
- ► allergènes ALIMENTAIRES
- ► MÉDICAMENTS : bêtabloquants +++ (attention au piège des collyres ophtalmologiques ++), aspirine (si syndrome de Widal)
- ► pollution
- ► infection respiratoire intercurrente
- ► reflux gastro-œsophagien

> ATTENTION À LA GROSSESSE QUI PEUT ÉGALEMENT DÉCOMPENSER UN ASTHME SOUS-JACENT.

Pneumologie
© 2009 Elsevier Masson SAS. Tous droits réservés

Diagnostic positif

= ÉPISODES RÉCIDIVANTS DE TOUX OU DE SIFFLEMENTS.

Attention : symptomatologie parfois réduite à la toux seule, évocatrice si survient à l'effort par exemple.

Interrogatoire :
► notion d'ÉPISODES ANTÉRIEURS de dyspnée sifflante, d'oppression thoracique ou de toux
► recherche d'un FACTEUR AGGRAVANT ou DÉCLENCHANT +++
► caractère NOCTURNE OU AU PETIT MATIN des symptômes
► terrain ATOPIQUE

Examen clinique :

Attention : l'examen clinique est souvent parfaitement normal entre les crises ++.

► RÂLES SIBILANTS À L'EXPIRATION ++ (parfois audibles à l'oreille nue)
► distension thoracique

EFR :
► trouble ventilatoire obstructif : BAISSE DU RAPPORT VEMS/CV

Attention dans l'asthme comme dans la BPCO, le caractère obstructif est défini par le rapport VEMS/CV, alors que la gravité du syndrome obstructif est définie par rapport au VEMS seul +++.

► trouble réversible :
   ◆ VEMS après inhalation de bronchodilatateurs doit être SUPÉRIEUR D'AU MOINS 200 mL à celui de départ
ET
   ◆ Rapport $\dfrac{\text{VEMS post- VEMS pré-}}{\text{VEMS théorique}}$ DOIT ÊTRE SUPÉRIEUR À 12 %

(En l'absence d'EFR et à chaque consultation, on mesure le débit expiratoire de pointe : *Peak Flow*.)
   ► RADIO DE THORAX : ÉLIMINER un diagnostic différentiel (attention au corps étrangers inhalés chez l'enfant, à l'«asthme cardiaque» de la personne âgée, en fait OAP *a minima*)
TRIADE CLINIQUE, EFR ET RADIO DE THORAX PERMETTENT DE POSER LE DIAGNOSTIC POSITIF AINSI QUE LE STADE DE LA MALADIE.

Classification de l'asthme

ÉVIDEMMENT À CONNAÎTRE PAR CŒUR, CAR À CHAQUE STADE CORRESPOND UNE PRISE EN CHARGE THÉRAPEUTIQUE ADAPTÉE ++.

Notions essentielles :
- ► la sévérité de l'asthme doit être ÉVALUÉE SUR UNE LONGUE PÉRIODE
- ► UN SEUL CRITÈRE DE GRAVITÉ est suffisant pour être classé dans le pallier
- ► l'évaluation se fait idéalement EN DEHORS DE TOUT TRAITEMENT

STADE I : ASTHME INTERMIT-TENT	Symptômes intermittents < 1/sem	Exacerbations BRÈVES	Symptômes nocturnes < 2/mois	PAS DE SYMPTÔMES EN DEHORS DES CRISES FONCTION RESPIRATOIRE NORMALE	DEP ou VEMS > 80 % avec variabilité < 20 %
STADE II : ASTHME PERSISTANT LÉGER	Symptômes > 1/sem mais < 1/j	Exacerbations POUVANT RETENTIR SUR LE SOMMEIL ET LES ACTIVITÉS	Symptômes nocturnes > 2/mois		DEP ou VEMS > 80 % Variabilité 20 à 30 %
STADE III : ASTHME PERSISTANT MODÉRÉ	Symptômes QUOTIDIENS	Exacerbations RETENTISSANT SUR L'ACTIVITÉ ET LE SOMMEIL	Symptômes nocturnes > 1/sem	Utilisation QUOTIDIENNE de β2-agonistes inhalés de courte durée d'action	DEP ou VEMS 60 et 80 % Variabilité > 30%
STADE IV : ASTHME PERSISTANT SÉVÈRE	Symptômes PERMA-NENTS	Exacerbations FRÉQUENTES	Symptômes nocturnes FRÉQUENTS	ACTIVITÉS PHYSIQUES LIMITÉES par les symptômes	Variabilité > 30 %

Traitement

Notions essentielles :
- ► RECHERCHE ET ÉRADICATION DES FACTEURS FAVORISANTS ++++ (TABAC)
- ► ÉDUCATION à la maladie qui est primordiale. Insister sur l'importance du traitement de fond (⚠ si oubli).
- ► QUEL QUE SOIT LE STADE, LES SYMPTÔMES SONT TRAITÉS À LA DEMANDE PAR DES β2-MIMÉTIQUES INHALÉS DE COURTE DURÉE D'ACTION :
  - ◆ exemple : salbutamol (VENTOLINE®) et terbutaline (BRICANYL®)
  - ◆ s'assurer que les modalités de prise sont bien comprises par le patient
- ► TRAITEMENT DE FOND EST INDIQUÉ DÈS LE CARACTÈRE PERSISTANT DE L'ASTHME +++ (DONC DÈS LE STADE II)
- ► Vaccination grippe et pneumocoque recommandée (⚠ si oubli)

But = obtenir un contrôle optimal de l'asthme :
RECOMMANDATIONS ANAES 2004 :
- ▶ symptômes diurnes moins de 4 j/semaine
- ▶ symptômes nocturnes moins d'une fois par semaine
- ▶ symptômes chroniques réduits au minimum : exacerbations légères et peu fréquentes
- ▶ fréquence des crises minimales
- ▶ pas de consultation aux urgences pour ce motif
- ▶ recours minimal aux β2 + de courte durée d'action (moins de 4 doses/semaine)
- ▶ pas de limitation des activités physiques, pas d'absentéisme scolaire ou professionnel
- ▶ DEP quasi normal (supérieur à 85 %) avec variabilité < 15 % dans la journée
- ▶ effets indésirables du traitement minimaux (ex. : bien rincer la bouche après les corticoïdes inhalés pour éviter les candidoses buccales)

STADE I : ASTHME INTERMITTENT	Pas de traitement de fond
STADE II : ASTHME PERSISTANT LÉGER	Traitement de fond : CORTICOÏDES INHALÉS, DOSES FAIBLES À MODÉRÉES (200 à 800 µg/j de béclométasone : BÉCOTIDE®)
STADE III : ASTHME PERSISTANT MODÉRÉ	Traitement de fond : – CORTICOÏDES INHALÉS, DOSES MODÉRÉES À FORTES (800 à 2 000 µg/j de béclométasone) ET – BRONCHODILATATEURS D'ACTION PROLONGÉE (ex. : β2-mimétiques de longue durée d'action : 50 à 100 µg/j de salmétérol, SEREVENT®) (il existe des formes combinées de ces deux classes médicamenteuses facilitant l'observance)
STADE IV : ASTHME PERSISTANT SÉVÈRE	Traitement de fond : – CORTICOÏDES INHALÉS À FORTES DOSES – BRONCHODILATATEURS DE LONGUE DURÉE D'ACTION – CORTICOTHÉRAPIE SYSTÉMIQUE AU LONG COURS : 0,5 à 1 mg/kg/j PO puis dose minimale efficace

Notions complémentaires :
Les β2-agonistes de longue durée d'action NE SONT JAMAIS PRESCRITS SEULS, ils sont toujours associés aux corticoïdes inhalés +++.
En cas d'amélioration sous traitement de fond, ATTENDRE AU MOINS 3 MOIS avant de débuter la diminution par pallier de la corticothérapie inhalée.

Le mot du conférencier

- Question très «tombable» à maîtriser le jour du concours.
- Peut être accompagnée d'EFR à interpréter.
- Bien penser à la prise en charge d'une maladie chronique (avec éducation, éradication des facteurs favorisants, arrêt du tabac, allergènes domestiques, reclassement professionnel, prise en charge à 100 %).
- La conférence de consensus est claire et complète, n'hésitez pas à la lire.

ITEM 226

Asthme aigu grave

Objectifs : *Diagnostiquer un asthme de l'adulte.*
Identifier les situations d'urgence (P) et planifier leur prise en charge.
Argumenter l'attitude thérapeutique et planifier le suivi du patient.
Décrire les principes de la prise en charge au long cours.

Définition

Crise INHABITUELLE par son intensité menaçant à court terme le PRONOSTIC VITAL.

Clinique :
- ► crise intense avec SIGNES DE DÉTRESSE RESPIRATOIRE
- ► RÉSISTANTE au traitement habituel par bronchodilatateurs inhalés

Gaz du sang artériels :
- ► NORMOCAPNIE OU HYPERCAPNIE

> Attention au piège classique : la normocapnie est déjà un critère de gravité +++. (⚠ si oubli)

- ► TOUJOURS ESSAYER D'OBTENIR UNE MESURE DU DEP AVANT DE DÉBUTER LE TRAITEMENT

(Le DEP est en fait à la fois le meilleur critère de gravité et le moyen le plus simple et fiable pour évaluer la réponse thérapeutique, il est remesuré à intervalles réguliers.)

> À savoir : un patient dans l'incapacité de parler à l'examen se situe déjà généralement à un DEP < 50.

Facteurs de risque

- ► Sexe MASCULIN.
- ► HOSPITALISATION pour crise d'asthme durant l'année précédente.
- ► Antécédent d'INTUBATION.
- ► CORTICOTHÉRAPIE pour asthme dans les 3 mois précédents.
- ► TABAGISME ACTIF.
- ► Abus de SÉDATIFS, HYPNOTIQUES et STUPÉFIANTS.

Pneumologie
© 2009 Elsevier Masson SAS. Tous droits réservés

Signes de gravité dans l'AAG

À CONNAÎTRE PAR CŒUR +++.

Signes respiratoires :
- ► difficulté à PARLER ou TOUSSER, voire PAUSES OU ARRÊTS RESPIRATOIRES
- ► ORTHOPNÉE
- ► FR > 30/min
- ► sueurs
- ► cyanose
- ► SILENCE AUSCULTATOIRE
- ► contraction permanente des sterno-cléido-mastoïdiens

Signes hémodynamiques : FC > 120/min.

Signes neuropsychiques :
- ► anxiété
- ► agitation
- ► troubles de CONSCIENCE, voire COMA

Paraclinique :
- ► DEP < 150
- ► PaCO2 > 40 mmHg : la normocapnie est déjà un signe de gravité ++

Terrain :
- ► asthme ancien/instable/sous-traité
- ► HOSPITALISATION ANTÉRIEURE pour crise grave
- ► augmentation de la FRÉQUENCE et de la SÉVÉRITÉ des crises
- ► MOINDRE SENSIBILITÉ aux traitements habituels
- ► crises déclenchées par l'ingestion d'aliments

Paraclinique

Gaz du sang artériels :
- ► à réaliser DÈS LA PRÉSENCE D'UN SIGNE DE GRAVITÉ
- ► inutiles si DEP > 200

ECG :
- ► tachycardie sinusale
- ► signes de CŒUR PULMONAIRE AIGU (aspect SI, QIII, bloc incomplet droit, ondes T négatives de V1 à V3)

Radiographie de thorax :
- ► après mise en route du traitement +++
- ► recherche les COMPLICATIONS (pneumothorax, pneumomédiastin, atélectasie)
- ► FACTEUR DÉCLENCHANT (foyer infectieux)

Formes cliniques

► Asthme suraigu :
- ◆ homme jeune avec fonction respiratoire de base quasi normale
- ◆ survient souvent lors d'une exposition massive à un allergène
- ◆ peut mener à l'asphyxie et au décès en quelques minutes

► Asthme instable : comme l'infarctus et l'angor instable, l'AAG est le plus souvent précédé d'une période d'asthme instable ou l'asthme est progressivement décompensé.

Meilleur signe =

► augmentation du nombre de crises

ET

► moins bonne réponse aux bronchodilatateurs = augmentation de la consommation de β2+)

Critères d'asthme instable :

► augmentation du NOMBRE de crises (plusieurs par jour)
► diminution de la RÉPONSE aux bronchodilatateurs
► VARIABILITÉ du DEP dans la journée +++ (supérieur à 30 %) et AGGRAVATION le matin
► BAISSE progressive du DEP

Traitement :

► CORTICOTHÉRAPIE ORALE EN CURE COURTE (0,5 à 1 mg/kg/j)
► renforcement ou mise en route d'un TRAITEMENT DE FOND
► recherche et traitement d'un éventuel FACTEUR DÉCLENCHANT (⚠ si oubli)

Traitement

Attention : c'est une URGENCE VITALE. Le traitement est débuté SANS DÉLAI, avant tout examen complémentaire et le plus souvent débouche sur une hospitalisation en service spécialisé.

β2-mimétiques d'action rapide inhalés à fortes doses :
C'EST LE TRAITEMENT PRIORITAIRE DE L'AAG +++ À ADMINISTRER IMMÉDIATEMENT :

► salbutamol (VENTOLINE® 5 mg) ou terbutaline (BRICANYL® 5 mg)
► en nébulisations
► à renouveler toutes les 20 minutes pendant la première heure puis 1 nébulisation toutes les 3 h jusqu'à obtention d'un DEP satisfaisant
► la nébulisation d'anticholinergiques de synthèse en association aux β2-mimétiques apporte un bénéfice modéré à la phase initiale
► et en cas de réponse aux nébulisations, la place des β2-mimétiques IV n'est pas établie

Oxygénothérapie, 6 à 8 L/min : masque à haute concentration.

Corticothérapie systémique :
- ▶ effet retardé de plusieurs heures
- ▶ administration la plus précoce possible (*per os* ou IV : 1 à 2 mg/kg/j)

Traitement du facteur déclenchant : antibiothérapie si foyer infectieux.

Réhydratation :
- ▶ pertes hydriques importantes par les pertes respiratoires
- ▶ apports potassiques
- ▶ car hypokaliémie secondaire aux β2-mimétiques et aux corticoïdes
- ▶ surveillance de la kaliémie

Évaluation de la réponse thérapeutique +++ :
- ▶ évaluation clinique
- ▶ mesures du DEP répétées

Remarque : les corticoïdes inhalés ainsi que les β2 d'action prolongée n'ont pas leur place dans le traitement de la crise d'asthme aigu grave +++ (c'est uniquement un traitement de fond).

À la sortie :
- ▶ Arrêt du TABAC (⚠ si oubli)
- ▶ CORTICOTHÉRAPIE *PER OS* DE COURTE DURÉE (après AAG ou exacerbation) 0,5 à 1 mg/kg/j pendant une dizaine de jours
- ▶ ÉDUCATION
- ▶ INSTAURATION ou MAJORATION d'un traitement de fond (corticoïdes inhalés à doses fortes pendant 1 à 3 mois)
- ▶ identification et éradication des FACTEURS AGGRAVANTS ou DÉCLENCHANTS
- ▶ CONSULTATION DE SUIVI RAPIDE (chez son pneumologue dans le mois suivant l'épisode)
- ▶ EFR À DISTANCE DE L'ÉPISODE

Le mot du conférencier

- Question à connaître par cœur.
- Pathologie fréquente et mortalité +++.
- Toujours y penser devant une détresse respiratoire aiguë.
- Bien connaître les facteurs de risque et les critères de gravité qui sont des grands classiques de l'internat.
- Traiter le facteur déclenchant +++.

ITEM 227

Bronchopneumopathie chronique obstructive

Objectifs : *Diagnostiquer une bronchopneumopathie chronique obstructive.*
Identifier les situations d'urgence (P) et planifier leur prise en charge.
Argumenter l'attitude thérapeutique et planifier le suivi du patient.
Décrire les principes de la prise en charge au long cours.

Épidémiologie de cette pathologie et personnes à risque

- ► La plus fréquente des pathologies respiratoires basses.
- ► 2 500 000 personnes atteintes en France.
- ► 4e cause de décès dans le monde.

Définir la BPCO

- ► Maladie chronique et lentement progressive caractérisée par une diminution non complètement réversible des débits aériens.
- ► Cliniquement : toux chronique et productive de plus de 3 mois par an depuis au moins 2 années consécutives.
- ► Par BPCO, on entend implicitement l'origine tabagique.

Évolution prévisible de cette maladie

- ► Aggravation progressive.
- ► Entrecoupée de poussées d'exacerbations.
- ► Avec à terme une insuffisance respiratoire chronique obstructive grave, hypoxémique et souvent hypercapnique.

Diagnostiquer une BPCO

Circonstances de découverte les plus fréquentes :
- ► à l'occasion d'une exacerbation de BPCO avec décompensation respiratoire le plus souvent
- ► toux chronique
- ► dyspnée, dyspnée d'effort

► à l'occasion d'une complication : pneumopathie, décompensation
► lors d'un dépistage

À rechercher à l'examen clinique :
► TABAGISME +++ et sa quantification en paquets/années
► exposition à des toxiques
► toux chronique, expectoration chronique
► épisodes antérieurs de décompensation respiratoire
► dyspnée
► syndrome obstructif : respiration à lèvres pincées
► signes de distension thoracique
► hippocratisme digital
► amaigrissement

À retrouver à la spirométrie :
► ÉPREUVES FONCTIONNELLES RESPIRATOIRES INDISPENSABLES ++ :
  ◆ réalisées à distance d'une exacerbation
  ◆ confirment le diagnostic
► LE RAPPORT VEMS/CVF INFÉRIEUR À 70 % APRÈS ADMINISTRATION DE BRONCHODILATATEURS DÉFINIT LE SYNDROME OBSTRUCTIF NON OU INCOMPLÈTEMENT RÉVERSIBLE
► la spirométrie permet de classer le stade de la BPCO

Différents stades de gravité dans la BPCO

Stade	Caractéristiques	Traitement recommandé
Stade 0	Symptômes chroniques (toux et expectorations) Exposition à 1 FDR	Arrêt du tabac Et éradication des autres FDR Vaccination antipneumococcique
Stade I	VEMS/CV < 70 % VEMS > 80 %	Bronchodilatateurs de courte durée d'action à la demande
Stade IIa	VEMS/CV < 70 % VEMS entre 50 et 80 %	Bronchodilatateurs en continu + réhabilitation respiratoire Corticoïdes inhalés si symptômes significatifs et réversibilité sur les EFR
Stade IIb	VEMS/CV < 70 % VEMS entre 30 et 50 %	Bronchodilatateurs en continu + réhabilitation respiratoire Corticoïdes inhalés si symptômes significatifs et réversibilité sur les EFR
Stade III	VEMS/CV < 70 % VEMS < 30 % Ou signes d'IVD	Traitement régulier avec : – bronchodilatateurs – corticoïdes inhalés Traitement des complications

Bilan paraclinique à réaliser

- ▶ En plus des EFR.
- ▶ Radiographie thoracique et scanner thoracique.
- ▶ Fibroscopie bronchique : éliminer un cancer bronchopulmonaire +++ survenant sur le même terrain.
- ▶ Hémogramme : recherche d'une polyglobulie.
- ▶ ECG.
- ▶ Polysomnographie si suspicion de SAS.
- ▶ Gaz du sang.

Diagnostics différentiels

- ▶ Asthme.
- ▶ Bronchectasies.
- ▶ Mucoviscidose.
- ▶ Bronchiolites chroniques.

Définition d'une exacerbation de BPCO (EBPCO)

- ▶ Majoration des symptômes habituels : toux, expectoration (quantité, coloration), dyspnée.
- ▶ Plus ou moins associée à un fébricule le plus souvent.

Étiologie des poussées d'exacerbation :
- ▶ facteurs exogènes : polluants professionnels, domestiques, urbains, infections respiratoires
- ▶ facteurs endogènes : déficit en alpha 1-antitrypsine, hyperréactivité bronchique, prématurité, RGO…

Prise en charge thérapeutique à proposer en cas d'EBPCO :
TOUJOURS RECHERCHER UN FACTEUR DÉCLENCHANT +++ ET ÉVICTION (ex. : infection respiratoire, stomatologique ou ORL, cardiopathie gauche, cancer bronchique, EP, SAS)
- ▶ le plus souvent prise en charge en ambulatoire
- ▶ réévaluation clinique à 24/48 h
- ▶ bilan pneumologique à distance avec EFR

Éléments orientant vers l'origine bactérienne d'une décompensation :
- ▶ augmentation :
  - ◆ du volume de l'expectoration
  - ◆ de sa purulence : la franche purulence verdâtre de l'expectoration est le signe le plus sensible et le plus spécifique
- ▶ persistance de la fièvre plus de 4 jours

CES ÉLÉMENTS JUSTIFIENT UNE ANTIBIOTHÉRAPIE.

Mauvaise évolution d'une EBPCO : vérifier le diagnostic, écarter les diagnostics différentiels (coqueluche, légionellose).

Signes de gravité dans une EBPCO :
- ► SIGNES RESPIRATOIRES :
    - ◆ dyspnée de repos
    - ◆ cyanose
    - ◆ SpO2 inférieure à 90 %
    - ◆ sollicitations des muscles respiratoires accessoires
    - ◆ respiration abdominale paradoxale
    - ◆ polypnée avec FR > à 25/min
    - ◆ toux inefficace
- ► SIGNES CARDIOVASCULAIRES :
    - ◆ tachycardie > à 110 bpm
    - ◆ troubles du rythme
    - ◆ hypotension
    - ◆ marbrures
    - ◆ œdèmes des membres inférieurs
    - ◆ signes d'insuffisance ventriculaire droite
- ► SIGNES NEUROLOGIQUES :
    - ◆ agitation
    - ◆ confusion
    - ◆ obnubilation
    - ◆ troubles de vigilance
    - ◆ astérixis
- ► SIGNES BIOLOGIQUES :
    - ◆ hypoxémie (PaO2 < 55 mmHg) en air ambiant
    - ◆ hypercapnie avec (PaCO2 > 45 mmHg)
    - ◆ acidose ventilatoire (pH < 7,35)

Prise en charge thérapeutique à proposer dans le cas d'une EBPCO avec signes de gravité

- ► Rechercher le facteur déclenchant de la décompensation (⚠ si oubli) (ex : pneumothorax à l'ECN 2005).
- ► Hospitalisation.
- ► OXYGÉNOTHÉRAPIE si SpO2 inférieure à 90 % (au repos et en air ambiant).
- ► BRONCHODILATATEURS (anticholinergiques ou bêtamimétiques de courte durée d'action).
- ► CORTICOÏDES SYSTÉMIQUES si réversibilité de l'obstruction documentée.
- ► KINÉSITHÉRAPIE RESPIRATOIRE de désencombrement bronchique.

Les bronchodilatateurs de longue durée d'action ont une action supérieure aux bronchodilatateurs de courte durée d'action, mais un bénéfice clinique inconstant : utile en cas de recours pluriquotidien aux bronchodilatateurs.

Cas pour lesquels l'antibiothérapie est indiquée :
- ▶ utile uniquement dans les cas où l'origine bactérienne est suspectée +++
- ▶ le plus souvent non justifiée dans les exacerbations de BPCO stade 0
- ▶ indiquée pour les stades I, II et III en cas de purulence franche des sécrétions :
  - ◆ avec majoration de la dyspnée et augmentation du volume des expectorations

---

PAS DE DYSPNÉE : pas d'antibiotique.
DYSPNÉE D'EFFORT : ATB si expectoration franchement purulente : télithromycine, pristinamycine, amoxicilline, doxycycline ou macrolides.
DYSPNÉE AU MOINDRE EFFORT OU DYSPNÉE DE REPOS : ATB systématiques : amoxicilline + acide clavulanique, quinolones antipneumococciques, C3G orale, C2G orales.

  - ◆ ou si facteur de risque

Durée recommandée :
- ▶ 7 à 10 jours
- ▶ et 4 à 5 jours pour pristinamycine, azithromycine, télithromycine (AMM)

Mesures de prévention à proposer au patient

- ▶ Arrêt total et définitif du tabagisme. Aide au sevrage.
- ▶ Vaccinations : grippe et pneumocoque (⚠ si oubli).
- ▶ Rechercher une exposition professionnelle : éradication des toxiques et autres polluants (⚠ si oubli).
- ▶ Dépistage et traitement des facteurs favorisants ou aggravants (foyers infectieux ORL).
- ▶ Assurer un bon état nutritionnel.
- ▶ Réhabilitation respiratoire, réentraînement à l'effort.
- ▶ Proscription de certains médicaments (antitussifs, sédatifs, mucolytiques, antalgiques à base de codéine) (⚠ si oubli).

Prise en charge au long cours

Suivi pneumologique à vie.
- ▶ Surveillance du sevrage en tabac (⚠ si oubli).

▶ Bronchodilatateurs de courte durée d'action à la demande : principal traitement symptomatique ++.

▶ Corticoïdes inhalés : en traitement de fond dès la BPCO stade III.

▶ Pas de corticoïdes systémiques au long cours hormis certain cas particuliers au stade IV.

▶ Kinésithérapie respiratoire ++.

▶ Oxygénothérapie de longue durée, minimum 15 h par jour.

Le mot du conférencier

• L'examen clinique peut être parfaitement normal en dehors des épisodes d'exacerbation ++.

• Il faut absolument connaître la classification des stades de la BPCO sur le bout des doigts (de même que la classification dans l'asthme), car de cette classification bien codifiée et reconnue dépend directement la prise en charge thérapeutique +++.

• Attention, les antitussifs et les neurosédatifs sont formellement contre-indiqués, car ils peuvent freiner l'évacuation des sécrétions et favoriser l'inondation alvéolaire ou altérer la vigilance *in fine* responsables d'une exacerbation de la maladie.

• Question déjà « tombée » à l'ECN 2005 sous la forme d'une exacerbation de BPCO.

ITEM 254

Insuffisance respiratoire chronique

Objectifs : *Diagnostiquer une insuffisance respiratoire chronique.*
Argumenter l'attitude thérapeutique et planifier le suivi du patient.
Décrire les principes de la prise en charge au long cours.

Définir l'IRC

- ▶ Incapacité de l'organisme à assurer une hématose satisfaisante au repos.
- ▶ Biologiquement : hypoxémie artérielle chronique, en état stable, souvent inférieure à 70 mmHg.
- ▶ Toute IRC peut décompenser en insuffisance respiratoire aiguë en cas de facteur déclenchant.

Étiologies des IRC

Deux grands types :
- ▶ insuffisance respiratoire chronique restrictive
- ▶ insuffisance respiratoire chronique obstructive

QUAND PLUSIEURS ÉTIOLOGIES SONT EN CAUSE, UNE INSUFFISANCE RESPIRATOIRE MIXTE PEUX EXISTER ASSOCIANT UNE PART OBSTRUCTIVE ET UNE PART RESTRICTIVE.

Caractéristiques des insuffisances respiratoires restrictives :
LEUR CARACTÉRISTIQUE COMMUNE EST UNE DIMINUTION DE LA CAPACITÉ PULMONAIRE TOTALE (= diminution du volume pulmonaire) qui peut être de causes très diverses.
- ▶ Définition de l'insuffisance respiratoire restrictive : diagnostic posé par les EFR avec :
  - ◆ diminution de la capacité pulmonaire totale
  - ◆ mais préservation du rapport VEMS/CV (leur décroissance est parallèle, leur rapport reste donc quasi constant)
  - ◆ en cas d'atteinte interstitielle : baisse du DLCO/VA
- ▶ étiologies des IRC restrictive d'origine mécanique :

HYPOVENTILATION ALVÉOLAIRE ++ PAR DIMINUTION DE LA COMPLIANCE THORACIQUE ET PAR ALTÉRATION DES ÉCHANGES GAZEUX

© 2009 Elsevier Masson SAS. Tous droits réservés

- ◆ par atteinte pariétale :
  - cyphoscoliose avec déformation thoracique importante
  - spondylarthrite ankylosante
  - éventration
  - hernie diaphragmatique
  - épanchement pleural abondant
  - obésité morbide
- ◆ par atteinte parenchymateuse :
  - pneumopathies interstitielles ++ (pneumopathies interstitielle primitive, histiocytose X, sarcoïdose, silicose, pneumopathie post-radique)
  - contusion/hématome pulmonaire
  - exérèse chirurgicale de tout ou partie d'un poumon (cancer)
- ▶ étiologies des IRC restrictive d'origine neuromusculaire :
  - ◆ polyradiculonévrite (syndrome de Guillain-Barré)
  - ◆ sclérose latérale amyotrophique
  - ◆ polyomyélite antérieure aiguë
  - ◆ contusion médullaire/paralysie diaphragmatique
  - ◆ hypokalliémie

Caractéristiques des insuffisances respiratoires chroniques obstructives (IRCO) :
TROUBLE VENTILATOIRE OBSTRUCTIF CHRONIQUE ACCOMPAGNÉ D'UNE INSUFFISANCE RESPIRATOIRE. C'EST LA PRINCIPALE CAUSE D'IRC +++.

- ▶ étiologies des IRCO :
  - ◆ BPCO +++ première cause d'insuffisance respiratoire
  - ◆ asthme sévère
  - ◆ mucoviscidose
  - ◆ dilatations des bronches
  - ◆ emphysème centro- et panlobulaire.
- ▶ définition de l'IRCO : le caractère obstructif est prouvé par les EFR :
  - ◆ diminution du rapport VEMS/CV inférieur à 70 %
  - ◆ et souvent une augmentation de la capacité pulmonaire totale (distension thoracique)

Prise en charge thérapeutique à proposer

Prise en charge à 100 % (⚠ si oubli).
Le TRAITEMENT ÉTIOLOGIQUE est proposé au cas par cas (chirurgie correctrice de déformation rachidienne, cure de hernie diaphragmatique, perte de poids).

Mesures hygiénodiététiques à recommander :

▶ arrêt du tabac total et définitif (aide au sevrage : thérapies cognitivo-comportementales, bupropion, substituts nicotiniques) (⚠ si oubli)

▶ vaccinations antigrippales et antipneumococcique (⚠ si oubli)

▶ dépistage et traitement des foyers infectieux ORML et stomatologiques

▶ favoriser une alimentation équilibrée, riche en protides

▶ réhabilitation respiratoire, réentraînement à l'effort

▶ proscription des médicaments dépresseurs respiratoires

Mesures à proposer pour améliorer l'oxygénation :

▶ kinésithérapie respiratoire

▶ ventilation spontanée avec pression expiratoire positive (PEP)

▶ ventilation assistée, en dernier recours (ventilation en pression positive intermittente, par masque ou trachéotomie)

▶ oxygénothérapie de longue durée : au minimum 15 h par jour

Le mot du conférencier

La majorité des IRC sont liés à l'évolution d'une BPCO. 40 000 personnes sont actuellement en France en ALD pour une IRC.

La présence d'une hypoxémie aux GDS < 60 mmHg en air ambiant définit une IRC.

Les indications de l'oxygénothérapie de longue durée indiquée si, à distance d'un épisode aigu et sous réserve d'une prise en charge thérapeutique optimale, 2 mesures de gaz du sang à 3 semaines d'intervalle montrent :

• PaO2 inférieure à 55 mmH ;

• ou PaO2 entre 56 et 59 mmHg et l'un des quatre signes suivants :
   – polyglobulie (hématocrite de plus de 55 %),
   – signes cliniques de cœur pulmonaire chronique,
   – HTAP documentée,
   – désaturations nocturnes ;

• l'hypercapnie n'intervient pas dans l'indication de l'oxygénothérapie +++.

Pneumothorax

Objectifs :   Diagnostiquer un pneumothorax.
Identifier les situations d'urgence et planifier leur prise en charge.
Argumenter l'attitude thérapeutique et planifier le suivi du patient.

Définition du pneumothorax

IRRUPTION BRUTALE D'AIR DANS LA CAVITÉ PLEURALE (NORMALEMENT VIRTUELLE) :
- ► POUVANT ÊTRE SPONTANÉE, TRAUMATIQUE OU IATROGÈNE
- ► DIAGNOSTIC RADIOLOGIQUE LE PLUS SOUVENT

Étiologies

Pneumothorax spontané primitif :
- ► rupture par éclatement ou perforation d'une lésion pulmonaire corticale sous-jacente (bulles ou blebs)
- ► typiquement sujet JEUNE, LONGILIGNE
- ► facteurs favorisants : sexe masculin, TABAGISME +++

Pneumothorax traumatique : plaie par arme blanche.

Pneumothorax iatrogènes : après ponction d'un épanchement pleural, pose de porte à cathéter (PAC).

Pneumothorax spontané secondaire

Complique une MALADIE PULMONAIRE SOUS-JACENTE :
- ► BPCO (60 %) +++ (*cf.* internat 2005)
- ► mucoviscidose
- ► asthme au cours d'une crise ou d'un état de mal
- ► tuberculose
- ► fibroses interstitielles (histiocytose X) ou radique, pneumoconioses
- ► tumeurs bronchiques avec emphysème obstructif
- ► DDB, mucoviscidose au stade terminal

TOUTE AFFECTION PULMONAIRE PEUT SE COMPLIQUER DE PNEUMOTHORAX SPONTANÉ, AVEC OU SANS BULLE D'EMPHYSÈME.

Présentation clinique d'un pneumothorax

Deux circonstances d'apparition bien distinctes :
- ▶ adulte jeune, longiligne (dans la moitié des cas moins de 25 ans) : pneumothorax le plus souvent bien toléré sauf si compressif
- ▶ emphysémateux âgé, chroniquement dyspnéique : chez qui un pneumothorax même minime peut être très mal toléré

Tableau clinique typique :
- ▶ début brutal : douleur thoracique vive, permanente, latérothoracique, en coup de poignard, survenant au repos
- ▶ dyspnée et polypnée de degré variable : dépendent de l'importance du pneumothorax autant que du parenchyme pulmonaire sous-jacent
- ▶ examen physique :
  - ◆ abolition des vibrations vocales
  - ◆ tympanisme à la percussion
  - ◆ diminution ou abolition du murmure vésiculaire
  - ◆ rechercher également un ÉPANCHEMENT ASSOCIÉ (haute suspicion d'hémopneumothorax)

Signes de gravité :
- ▶ SIGNES DE MAUVAISE TOLÉRANCE RESPIRATOIRE ++ : IRA
  - ◆ dyspnée
  - ◆ polypnée
  - ◆ cyanose
  - ◆ désaturation
- ▶ MAUVAISE TOLÉRANCE HÉMODYNAMIQUE (HÉMOPNEUMOTHORAX +++) :
  - ◆ déglobulisation
  - ◆ signes de choc

Signes radiologiques d'un pneumothorax

Radiographie thoracique de face sujet debout :
Cliché initialement réalisé en inspiration ++.

> Attention, le cliché en expiration forcée ne doit être réalisé qu'en cas de recherche d'un pneumothorax minime après une première radio normale +++.
> Jamais de première intention, pourrait aggraver un pneumothorax important.

- ▶ HYPERCLARTÉ homogène et avasculaire délimitée par une ligne pleurale d'un sommet de l'hémithorax en cas de pneumothorax partiel
- ▶ OPACITÉ LINÉAIRE FINE (visualisation anormale de la plèvre viscérale)
- ▶ ATÉLECTASIE complète avec moignon pulmonaire rétracté au hile en cas de pneumothorax complet

Signes de gravité radiologique d'un pneumothorax ⇒ à consigner dans votre interprétation d'un cliché ++ :

▶ BILATÉRAL
▶ COMPRESSIF
▶ NIVEAU HYDROAÉRIQUE (hémopneumothorax)
▶ BRIDE pleurale (haut risque d'évolution vers l'hémopneumothorax)
▶ PARENCHYME PULMONAIRE SOUS-JACENT ALTÉRÉ

Évolution naturelle d'un pneumothorax

Résorption spontanée : résorption spontanée en 8 à 15 jours, ré-expansion progressive du poumon.

Chronicité du pneumothorax : passage à la chronicité du pneumothorax entretenu par une fistule (le poumon fixé en collapsus sous une plèvre épaissie) soit complet, soit localisée (sommet, base).

Récidives +++ : récidives du même côté ou controlatérales (20 à 30 % des cas), à bascule, exceptionnellement simultanées.

Prise en charge d'un pneumothorax

Traitement de l'épisode :

▶ dans tous les cas :

  ◆ repos strict au lit : AVEC PRÉVENTION DES COMPLICATIONS DE DÉCU-BITUS +++
  ◆ O2 nasal (accélère la résorption du pneumothorax)
  ◆ antalgiques ++

▶ et selon le volume du pneumothorax :

  ◆ INFÉRIEUR À 1 cm : pas de drainage. Surveillance clinique et radiologique et traitement symptomatique
  ◆ DÉCOLLEMENT PLEURAL ENTRE 1 ET 3 cm : exsufflation à l'aiguille à la seringue avec Rx de contrôle systématique
  ◆ DÉCOLLEMENT SUPÉRIEUR À 3 cm : drainage pleural axillaire

Au-dessus de la ligne mamelonnaire, d'abord siphonage puis en dépression continue (−20 à −30 cm d'eau) pour ramener le poumon à la paroi, dans l'attente d'un accolement spontané.

> Remarque : en cas d'hémopneumothorax, deux drains : un supérieur pour le pneumothorax et l'autre inférieur pour l'hémothorax.

▶ surveillance d'un patient drainé :
▶ RISQUE D'ŒDÈME *A VACUO* +++

  ◆ perméabilité
  ◆ bullage

- ◆ volume reçu
- ◆ aspect du liquide
- ◆ état local
- ◆ RADIO PULMONAIRE systématique après pose du drain et quotidienne pendant toute la durée de l'hospitalisation

> ÉVIDEMMENT COMME DANS TOUT DOSSIER, ON N'OUBLIE PAS LE TRAITEMENT DE LA CAUSE ++.

▶ mesures associées :
- ◆ proscription des efforts violents pendant 4 semaines
- ◆ éviter les efforts à glotte fermée (trompettiste) (⚠ si oubli)
- ◆ contre-indication absolue à la plongée sous-marine
- ◆ Tabac (⚠ si oubli).
- ◆ Prise en charge d'une pathologie respiratoire sous-jacente (⚠ si oubli).

Prévenir les récidives :
▶ talcage par pleuroscopie :
- ◆ symphyse pleurale par réaction inflammatoire bien tolérée car peu agressif sous anesthésie locale
- ◆ risque de récidive de 20 à 30 % car symphyse incomplète et ne traite pas la fuite aérienne
▶ thoracotomie, deux buts :
- ◆ aérostase immédiate et sans défaut par résection du territoire pulmonaire pathologique siège de la fuite aérienne

ET

- ◆ +++ symphyse pleurale par ablation de la plèvre pariétale (pleurectomie) ou son irritation ou abrasion pour obtenir un accolement définitif du poumon à la paroi Très efficace (récidive < 0,01 %), mais lourd chez l'insuffisant respiratoire.
▶ vidéothoracoscopie +++ :
- ◆ permet un traitement aussi efficace que par thoracotomie sans ses inconvénients
- ◆ difficile en cas de symphyses préexistantes (talcage, bulles géantes)

Indications du traitement chirurgical

▶ Dès le 1er episode, si :
- ◆ fuite aérienne persistante
- ◆ hémopneumothorax
- ◆ poumon unique au plan fonctionnel
- ◆ indication de confort (travail à risque, navigateur solitaire…)
- ◆ bilatéral d'emblée

► Au 2e épisode, si récidive controlatérale.

► Au 3e épisode, si homolatéral.

Le mot du conférencier

- Ne jamais oublier de placer dans un dossier arrêt du tabagisme et aide au sevrage lorsque le patient du dossier est tabagique, et en particulier dans ce type de dossier où le tabagisme est un facteur de risque et de récidive reconnu +++.

- En cas d'interprétation d'un cliché de pneumothorax, ne jamais oublier de rechercher ces cinq signes radiologiques de gravité (et évidemment de les noter en signes négatifs s'ils sont absents).

- Attention l'examen clinique peut être parfaitement normal en cas de pneumothorax de petit volume.

- Question déjà «tombée» à l'ENC 2005 avec une radiographie à interpréter : pneumothorax avec bride.

ITEM 312

Épanchement pleural

Objectif :   *Devant un épanchement pleural, argumenter les principales hypothèses diagnostiques et justifier les examens complémentaires pertinents.*

Clinique

Circonstances de découverte d'un EP :
- ► découverte rarement fortuite (cliché thoracique de routine)
- ► DOULEUR +++ :
    - ◆ basithoracique à type de point de côté
    - ◆ majorée à l'inspiration profonde ou à la toux
    - ◆ bloque la respiration (présente surtout dans les épanchements inflammatoires aigus ou dans les épanchements néoplasiques)
- ► DYSPNÉE :
    - ◆ très variable
    - ◆ proportionnelle à l'importance de l'épanchement et à l'état du poumon sous-jacent
- ► TOUX SÈCHE AUX CHANGEMENTS DE POSITION
- ► signes généraux (variables selon l'étiologie)
- ► contexte traumatique évident (AVP, plaie par arme blanche)

À rechercher à l'examen clinique :
AVANT TOUT, L'EXAMEN CLINIQUE DOIT RECHERCHER DES SIGNES DE MAUVAISE TOLÉRANCE +++ (PRISE EN CHARGE RÉANIMATOIRE) :
- ► CYANOSE
- ► POLYPNÉE
- ► TACHYCARDIE
- ► HYPOTENSION ARTÉRIELLE

Triade de l'épanchement pleural :
- ► ABOLITION DES VIBRATIONS VOCALES (à la palpation)
- ► MATITÉ FRANCHE, à concavité supéro-interne déclive, dont la limite supérieure dépend de l'importance de la pleurésie (à la percussion)
- ► ABOLITION OU DIMINUTION DU MURMURE VÉSICULAIRE à l'auscultation, SOUFFLE PLEURÉTIQUE plus rarement

© 2009 Elsevier Masson SAS. Tous droits réservés

Imagerie

Le premier examen à réaliser est la RADIOGRAPHIE STANDARD de face et de profil (en position debout ++).

Pleurésie libre de la grande cavité pleurale :
- ► signes radiologiques évoquant un ÉPANCHEMENT DE GRANDE ABON-DANCE. Aspect de POUMON BLANC RADIOLOGIQUE :
    - ◆ pleurésie massive avec opacité très dense, homogène
    - ◆ refoulant le médiastin vers le côté opposé, ainsi que le diaphragme (coupole inversée)
    - ◆ sans bronchogramme aérique
- ► signes radiologiques évoquant un ÉPANCHEMENT DE MOYENNE ABONDANCE :
    - ◆ LIGNE DE DAMOISEAU correspondant à la limite supérieure de l'épanchement
    - ◆ opacité inférieure, dense et homogène, effaçant le diaphragme, à limite supérieure concave en haut et en dedans
    - ◆ image non systématisée et sans bronchogramme aérique
    - ◆ mobilité selon la position ++
- ► signes radiologiques évoquant un ÉPANCHEMENT DE FAIBLE ABONDANCE :
    - ◆ parfois uniquement vu sur le profil (dans le cul-de-sac postérieur)
    - ◆ SIMPLE ÉMOUSSEMENT DU CUL-DE-SAC

Pleurésies enkystées ou cloisonnées :
L'épanchement est CLOISONNÉ par des accolements localisés des deux feuillets pleuraux, ce qui peut donner des images d'épanchements suspendus.
- ► GRANDE UTILITÉ DU CLICHÉ DE PROFIL DANS CE CAS :
    - ◆ dans tous les cas difficiles
    - ◆ cliché en décubitus latéral utile pour les épanchements de petite abondance
- ► intérêt ÉCHOGRAPHIE PLEURALE +++
- ► scanner :
    - ◆ reste l'examen le plus précis
    - ◆ permet également de :
        - • rectifier le diagnostic en cas de diagnostic différentiel
        - • étudier le parenchyme pulmonaire sous-jacent

Diagnostics différentiels d'un épanchement pleural liquidien

- ► Atélectasie complète d'un poumon :
    - ◆ image de poumon blanc radiologique, comme dans un épanchement pleural de grande abondance

- ◆ mais PAS D'ABOLITION DES VIBRATIONS VOCALES cliniquement
- ◆ radiologiquement ATTRACTION DU MÉDIASTIN DU CÔTÉ ATTEINT EN CAS D'ATÉLECTASIE (*vs* refoulement du médiastin du côté opposé en cas d'épanchement de grande abondance)
- ► Pachypleurite : diagnostic différentiel au SCANNER.
- ► Épanchement pleural interlobaire ou enkysté : à distinguer des OPACITÉS PARENCHYMATEUSES.
- ► Paralysie phrénique.

Ponction pleurale

TOUT ÉPANCHEMENT PLEURAL DONT L'ÉTIOLOGIE N'EST PAS CONNUE DOIT ÊTRE PONCTIONNÉ +++.

Rappel de la technique : se fait sous anesthésie locale, au lit du patient
- ► bien positionner le patient : assis au bord du lit
- ► le repérage échographique peut être précieux en cas d'épanchement de petite abondance ou enkysté
- ► idéalement : ponction à la face dorsale, EN PLEINE MATITÉ +++, à 1 travers de main des apophyses épineuses, et à 2 travers de doigt sous la pointe de l'omoplate
- ► en avant : jamais sous la ligne mamelonnaire
- ► AU BORD SUPÉRIEUR DE LA CÔTE INFÉRIEURE (car ne pas oublier que les pédicules costaux cheminent sous « l'abri côtier »)

Objectifs de la ponction :
SON IMPORTANCE EST TRIPLE :
- ► DIAGNOSTIC positif de pleurésie
- ► ANALYSE QUALITATIVE du liquide pleural qui oriente sur l'étiologie (elle fait la distinction transsudat–exsudat dans 95 % des cas)
- ► ACTION THÉRAPEUTIQUE (ponction évacuatrice) dans le cadre des épanchements abondant, mal tolérés

Indications : TOUTE PLEURÉSIE DONT L'ÉTIOLOGIE EST INCERTAINE.

Contre-indications (relatives pour un opérateur entraîné) :
- ► maladie hémorragique
- ► traitement anticoagulant
- ► ventilation assistée

Analyse du liquide pleural

Avant tout, noter son aspect macroscopique :
- ► LIQUIDE CLAIR : transsudat ou exsudat
- ► LIQUIDE LOUCHE OU PURULENT : pleurésie purulente (synonymes : empyème thoracique, pyothorax)

► LIQUIDE HÉMORRAGIQUE :
  ◆ hématocrite < 14 % : hématique
  ◆ hématocrite > 14 % : hémothorax (contexte souvent évident, traumatique)
► AUTRES :
  ◆ liquide blanc laiteux : chylothorax ou pseudochylothorax
  ◆ liquide jaune verdâtre : pleurésie rhumatoïde
  ◆ liquide très brun : aspergillose
  ◆ aspect chocolat : abcès amibien rompu
  ◆ liquide visqueux : évocateur de mésothéliome

Analyse paraclinique :
► numération et formule cellulaire
► CYTOLOGIE
► MICROBIOLOGIE : bactéries aérobies–anaérobies, BK, autres (virus, parasites, moisissures)
► BIOCHIMIE :
  ◆ protéines–albumine (à faire dans le sang en même temps)
  ◆ glucose (± bilirubine – cholestérol – amylase – acide hyaluronique – autres marqueurs)

Critères de LIGHT :
Définition d'un transsudat :
► protéines pleurales < 30 g/l (ou mieux protéines pleurales/protéines sériques < 0,5)
► ET LDH pleurales < 2/3 valeur normale supérieure sérique (hab : 200 UI/l) ou mieux LDH pleurales/LDH sériques < 0,6
(On utilise quelquefois cholestérol – albumine – bilirubine.)
DANS TOUS LES AUTRES CAS, C'EST UN EXSUDAT +++.

Diagnostic étiologique

Tour d'abord, faire la distinction transsudat–exsudat (pleurésies à liquide clair) :
► TRANSSUDAT : la plèvre est saine → pas de prélèvements biopsiques (étiologies spécifiques)
► EXSUDAT : la plèvre est malade → intérêt éventuel de prélèvements biopsiques
Ces critères sont valables s'il s'agit d'une primo-ponction avant tout traitement.

Exsudats :
► épanchements tumoraux :

Cancer broncho-pulmonaire	Dans ce cadre, l'épanchement correspond à une atteinte pleurale (stade IV)
Pleurésies métastatiques	– Installation progressive, en plusieurs semaines, dans le cadre d'une altération de l'état général ± douleurs thoraciques – Cancer primitif la plupart du temps connu, parfois méconnu (par ordre de fréquence : cancer bronchique chez l'homme, cancer du sein chez la femme, cancer œsophagien, cancer colique, cancer rénal, cancer ovarien) – RADIOLOGIQUEMENT : ÉPANCHEMENT TRÈS SOUVENT ABONDANT ET RÉCIDIVANT (nécessitant bien souvent des ponctions itératives) accompagnés de signes parenchymateux : bourgeons, lâcher de ballon, lymphangite, adénopathies médiastinales, lyse costale – LIQUIDE : rosé, sérohématique, quelquefois citrin, formule cytologique du liquide : aspécifique, lymphocytaire ou mixte – CYTODIAGNOSTIC : rentabilité moyenne de l'ordre de 45 %, ne permet pas toujours d'affirmer le type de néoplasie – BIOPSIE À L'AVEUGLE : faible rentabilité (< 50 %), biopsie sous thoracoscopie : excellente rentabilité (et permet dans le même temps de procéder à une symphyse pleurale pour éviter toute récidive)
Mésothéliome	– Tumeur primitive de la plèvre – Âge moyen 60 ans, nette prédominance masculine, EXPOSITION PROFESSIONNELLE À L'AMIANTE +++, 20 à 30 ans en arrière, absent dans 20 à 40 % des cas – Asymptomatique initialement, souvent douloureux à un stade avancé – RADIOLOGIE : festonnement pleural caractéristique, épaississement pleural diffus et mamelonné, l'atteinte de la plèvre médiastinale, du péricarde et des ganglions hilaires sont des éléments d'orientation – PONCTION : liquide citrin ou sérohématique, RICHE EN ACIDE HYALURONIQUE (≥ 15 mg/l), formule aspécifique – CYTODIAGNOSTIC ET BIOPSIE À L'AVEUGLE : rentabilité faible (25 %), permet de poser un diagnostic de malignité mais rarement le diagnostic de mésothéliome – INTÉRÊT DE LA THORACOSCOPIE +++
Hémopathies malignes : Hodgkin ou LNH	– Témoigne d'un stade avancé, équivalent à l'atteinte d'un organe extrahématopoïétique – CYTODIAGNOSTIC : formule lymphocytaire aspécifique, rarement mise en évidence de cellules de Sternberg – BIOPSIES À L'AVEUGLE PEU RENTABLE – BIOPSIES SOUS THORACOSCOPIE : aspect macroscopique évocateur, biopsies multiples de grande taille, apporte le diagnostic de certitude et permet de typer le lymphome
Épanchements non néoplasiques au cours d'un cancer thoracique	Si exsudat d'origine non déterminée : biopsie pleurale

▶ pleurésies infectieuses :

Pleurésies infectieuses bactériennes	– Elles sont LE PLUS SOUVENT RÉACTIONNELLES À UNE PNEUMOPATHIE OU PARAPNEUMONIQUES (liquide stérile), leur traitement dans ce cas correspond à l'évacuation à l'aiguille fine de l'épanchement et au traitement de la pneumopathie causale – CLINIQUEMENT : tableau de pneumopathie bactérienne avec douleur intense de type pleurale – RADIOLOGIQUEMENT : l'épanchement peut être de faible abondance initialement – LA PONCTION est SYSTÉMATIQUE dans ce cas : elle permet d'orienter le TRAITEMENT ANTIBIOTIQUE (identification du germe et réalisation d'un antibiogramme) et peut également, dans certains cas, avoir une ACTION THÉRAPEUTIQUE (lavage pleural, fibrinolytique, drainage) – On distingue : • ÉPANCHEMENTS PARAPNEUMONIQUES «NON COMPLIQUÉS» (qui relèvent d'une antibiothérapie simple) Caractérisés par une faible abondance, un liquide clair, l'absence de germe à l'examen direct, une culture négative, un pH > 7 • ÉPANCHEMENTS PARAPNEUMONIQUES «COMPLIQUÉS» pour lesquels l'antibiothérapie doit être associée à un geste local de drainage et de lavage de la cavité pleurale. Caractérisés par une abondance parfois importante, un liquide trouble ou purulent, ou des germes présents à l'examen direct ou une culture bactériologique positive ou un pH < 7,2
Pleurésies infectieuses virales	– Contemporaines d'une pneumopathie d'allure virale, parfois associées à une péricardite – Épanchement peu abondant – Formule lymphocytaire ou mixte, non spécifique
Pleurésies tuberculeuses (⚠ si oubli)	– Pleurésie sérofibrineuse survient dans deux circonstances : • soit au décours d'une PRIMO-INFECTION TUBERCULEUSE (sujet jeune, immigré, contage récent) • soit secondaire, APRÈS RÉACTIVATION À PARTIR D'UN FOYER TUBERCULEUX ANCIEN – CLINIQUEMENT aspécifique : début généralement progressif, avec fièvre modérée dans un contexte d'altération de l'état général, la recherche de BK dans l'expectoration n'est qu'exceptionnellement positive dans les formes primaires – RADIOLOGIE : absence ou peu de lésions parenchymateuses dans les formes primaires – PONCTION PLEURALE : exsudat très riche en protéines, liquide lymphocytaire (parfois mixte au tout début), avec taux d'ADÉNOSINE DÉSAMINASE intrapleurale élevé – BAAR très rarement retrouvé à l'examen direct, mais cultures positives dans 30 % des cas

> – BIOPSIES PLEURALES À L'AVEUGLE : c'est certainement dans cette indication qu'elles sont le plus rentables. NE PAS OUBLIER DE PRÉCISER QUE LES CULTURES DOIVENT ÊTRE RÉALISÉES SUR MILIEUX SPÉCIFIQUES ++
> – BIOPSIES PLEURALES SOUS THORACOSCOPIE : examen le plus fiable, permet de poser le diagnostic quasiment à coup sûr

▶ épanchements non tumoraux et non infectieux :

Au cours de l'embolie pulmonaire (EP)	– Clinique et paraclinique sont celles de l'embolie pulmonaire : • 20 % des embolies pulmonaires s'accompagnent d'un épanchement pleural +++ • particularités : épanchement peu abondant, liquide citrin ou sérohématique, formule aspécifique, exsudat dans 80 % des cas, transsudat dans 20 % des cas
Maladies de système	– Lupus (tableau de polysérite) – Polyarthrite rhumatoïde – Autres connectivites
Épanchement pleural post-traumatique	– Soit immédiat et hémorragique (hémothorax) – Soit liquide citrin, survenant 1 à 2 mois après le traumatisme thoracique
Pleurésies témoins d'une pathologie sous-diaphragmatique	– Abcès sous-phrénique : réaction inflammatoire de contiguïté – Pancréatite aiguë ou chronique : amylase augmentée dans le liquide pleural – Cancer du pancréas

Transsudats :

RAPPEL TAUX DE PROTIDES BAS (< 30 g/l), PAUCICELLULAIRES, LDH BAS.

Insuffisance cardiaque gauche	– Clinique : celle de l'insuffisance cardiaque gauche – Radio : cardiomégalie, surcharge vasculaire pulmonaire – Œdème alvéolaire, épanchement bilatéral et symétrique, rarement abondant
Cirrhose	– L'épanchement pleural provient essentiellement du passage transdiaphragmatique de liquide d'ascite (par des orifices de taille variable congénitaux ou acquis) – Fréquemment unilatéral droit
Dialyse péritonéale	L'épanchement pleural provient essentiellement du passage transdiaphragmatique du liquide de dialyse
Syndrome néphrotique	– L'épanchement pleural est lié à la diminution de la pression oncotique capillaire – Bilatéral et symétrique
Atélectasie pulmonaire	L'épanchement pleural est lié à la majoration de la dépression intrapleurale

QUELLE QUE SOIT L'ÉTIOLOGIE, LE TRAITEMENT DE LA CAUSE PEUT ÊTRE ASSOCIÉ À DE LA KINÉSITHÉRAPIE PLEURALE POUR LIMITER LES SÉQUELLES. IL EXISTE DEUX GRANDS TYPES D'ÉPANCHEMENT :

► LES TRANSSUDATS : RÉSULTENT D'UNE AUGMENTATION DE LA PRESSION HYDROSTATIQUE.

► LES EXSUDATS : MAJORATION DE LA PERMÉABILITÉ DES VAISSEAUX PLEURAUX

 Le mot du conférencier

Dans ce contexte, une déviation des bruits du cœur, évoque un épanchement de grande abondance, refoulant le médiastin (PONCTION ÉVACUATRICE EN URGENCE) – attention au piège de la radio couché où la ligne de Damoiseau n'est pas visible +++ :

• toujours penser à vérifier la qualité du cliché thoracique que l'on vous demande d'interpréter, il arrive régulièrement que l'on présente des clichés mal centrés où les culs-de-sac ne sont pas vus +++ ;
• diagnostic différentiel : paralysie phrémique, piège classique et bon à savoir car elle représente évidement une contre-indication formelle à la ponction… ;
• dernier détail, toute ponction doit être conclue par un cliché thoracique de contrôle… ;
• toujours évoquer la malignité devant un liquide hématique (⚠ si oubli) :
  – 60 % des épanchements hématiques sont malins,
  – 60 % des épanchements malins sont hématiques ;
• beau dossier qu'une EP révélée cliniquement par un épanchement pleural, ne pas oublier de penser à ce diagnostic devant tout contexte évocateur d'EP ++ (⚠ si oubli).

La plèvre est une séreuse composée deux feuillets : la plèvre viscérale et la plèvre pariétale, formant un espace quasi virtuel, l'espace pleural.

Il contient, de manière habituelle entre 7 et 14 mL de liquide.

La formation d'un épanchement pleural, correspond à un déséquilibre entre production et résorption de ce liquide.

ITEM 317

Hémoptysie

Objectif : *Devant une hémoptysie, argumenter les principales hypothèses diagnostiques et justifier les examens complémentaires pertinents.*

Définition d'une hémoptysie

Expectoration de sang rouge par la bouche provenant des voies aériennes sous-glottiques au cours d'un effort de toux.

Diagnostics différentiels

- ▶ Stomato-ORL.
- ▶ Hématémèse (notion de vomissement).

Conduite à tenir devant une hémoptysie

- ▶ Éliminer une autre cause de saignement (stomato-ORL).
- ▶ Apprécier l'abondance (aide nombre de verres/3–4 verres = menace du pronostic vital).
- ▶ Recherche des signes d'insuffisance respiratoire aiguë (c'est la gravité du tableau : témoin d'une inondation alvéolaire).
- ▶ Recherche de signes d'anémie aiguë.

Bilan à faire devant une hémoptysie

Systématiquement :
- ▶ biologie :
  - ◆ NFS
  - ◆ hémostase complète
  - ◆ groupe Rhésus RAI
  - ◆ inogramme sanguin
- ▶ ECG
- ▶ gaz du sang artériels
- ▶ radiographie thoracique de face et de profil
- ▶ bactériologie
- ▶ endoscopie bronchique :

© 2009 Elsevier Masson SAS. Tous droits réservés

♦ diagnostic : positif/localisation/étiologie/prélèvements
♦ thérapeutique : hémostase locale

Prise en charge d'une hémoptysie

► Traitement SYMPTOMATIQUE :
  ♦ oxygène nasal pour assurer une saturation > 90 %
  ♦ pose d'une voie veineuse de bon calibre
  ♦ remplissage par macromolécules
  ♦ traitement vasoconstricteur : glypressine 1 injection IV peut être renouvelée après 3 heures
  ♦ surveillance : pouls, TA, fréquence respiratoire, diurèse, gaz du sang, ionogramme sanguin, radiographie thoracique
  ♦ en cas d'insuffisance respiratoire aiguë, une intubation sélective peut être nécessaire
  ♦ en cas d'échec du traitement médical, embolisation de l'artère bronchique responsable au cours d'une artériographie bronchique
► Traitement ÉTIOLOGIQUE +++.

Étiologies d'une hémoptysie

► Évidente : traumatisme thoracique, iatrogène (ponction transpariétale, fibroscopie bronchique ± biopsies, inhalation corps étranger).
► Cancers : c'est le mode de révélation des cancers bronchiques.
► Tuberculose :
  ♦ rechute ou active (BK, antibiogramme)
  ♦ dilatation des bronches séquellaire
  ♦ greffe aspergillaire (scanner : image en grelot, aspergillus dans expectorations, sérologie)
  ♦ broncholithiase
  ♦ cancer sur cicatrice (rare)
  ♦ anévrysme de Rasmussen
► Embolie pulmonaire (souvent retardée sang noirâtre).
► Cause cardiaque (rétrécissement mitral, OAP).
► Infectieuses : pneumopathie aiguë, bronchite, rechercher une cause sous-jacente.

Le mot du conférencier

- Urgence diagnostique et thérapeutique.
- Deux notions essentielles : l'insuffisance respiratoire aiguë et l'abondance du saignement qui nécessitent une prise en charge en urgence.
- Ne peut pas faire l'objet d'un dossier à part entière, mais constitue une très bonne entrée de dossier, qui se finirait par un dossier de cancérologie, de tuberculose ou de dilatation des bronches, d'embolie pulmonaire, d'insuffisance cardiaque, voire comme diagnostic différentiel (épistaxis, hémorragie digestive) : transversalité +++.
- Évaluer l'abondance de l'hémoptysie, le retentissement, hiérarchiser les examens complémentaires (NFS, GDS, ECG, Rx thorax et fibroscopie systématiques).
- Remarque : dans l'hémoptysie, l'hypoxémie tue bien avant l'hémorragie ⇒ axer la prise en charge sur l'oxygénothérapie et la ventilation.

ITEM 324

Opacités et masses intrathoraciques

Objectif : Devant une opacité ou une masse intrathoracique, argumenter les principales hypothèses diagnostiques et justifier les examens complémentaires pertinents.

Différents types d'opacité du parenchyme pulmonaire

Opacités alvéolaires :
- ► les identifier radiologiquement :
    - ◆ opacités à contours flous
    - ◆ de tonalité hydrique
    - ◆ confluentes
    - ◆ systématisées ou non
    - ◆ présence d'un bronchogramme aérique +++
    - ◆ préciser le caractère localisé ou diffus de l'opacité

	Causes infectieuses	Causes tumorales	Autres causes
Étiologies	Pneumopathies bactériennes Tuberculose Pneumopathies virales Pneumopathies fongiques Pneumopathies parasitaires	Carcinome bronchopulmonaire Métastases d'un autre cancer ++ Hémopathies	OAP Œdème lésionnel Pneumopathie d'hypersensibilité Contusion pulmonaire Infarctus pulmonaire Sarcoïdose
Conduite à tenir	Fibroscopie bronchopulmonaire LBA	Scanner ± PET scan Fibro/biopsies	Bilan orienté après enquête étiologique

Opacités interstitielles :
- ► les identifier radiologiquement :
    - ◆ épaississement ou infiltration du tissu interstitiel
    - ◆ limites nettes
    - ◆ non confluentes
    - ◆ non systématisées et sans bronchogramme

Pneumologie
© 2009 Elsevier Masson SAS. Tous droits réservés

◆ opacités linéaires (lignes de Kerley), nodulaires si diamètre > 6 mm, ou micronodulaire si < 3 mm
◆ le meilleur examen : tomodensitométrie thoracique en coupes fines (parenchymateuses)
◆ aspect typique de verre dépoli ou rayon de miel
◆ opacités nodulaires, micronodulaires ou réticulaires parfois associées et fonction de l'étiologie

> Remarque : la miliaire est définie par la présence de micronodules disséminés sur les deux champs pulmonaires.

▶ étiologies :

Infections	Tumeurs	Inhalation	Hyper-sensibilité	Iatrogène	Autres
Tuberculose Virale (VZV) Parasite : – pneumo-cystose – fongique	Lymphangite Carcino-mateuse Lymphomes	Silicose Asbestose Métaux lourds Anthracose Bérylliose	Alvéolite allergique extrinsèque	Pneumopathie iatrogène	OAP Fibrose intersticiele Primitive Sarcoïdose Histiocytose X

▶ conduite à tenir :
◆ scanner thoracique haute résolution en coupes millimétriques
◆ fibroscopie bronchique avec :
◆ lavage broncho-alvéolaire (formule du liquide alvéolaire)
◆ ET biopsies

Opacités pulmonaires systématisées et rétractiles :
▶ les définir : CORRESPONDENT AUX ATÉLECTASIES : TROUBLE DE VENTILA-TION DE TOUT OU PARTIE DU POUMON EN AVAL D'UNE OBSTRUCTION LE PLUS SOUVENT.
▶ les identifier radiologiquement :
◆ opacité systématisée : triangulaire à sommet hilaire et base périphérique
◆ dense et homogène
◆ sans bronchogramme
◆ rétractée au hile pulmonaire
◆ avec expansion compensatoire du poumon homo- ou controlatéral
◆ attraction du médiastin du côté de l'atélectasie
◆ élévation homolatérale de la coupole diaphragmatique

> TDM SYSTÉMATIQUE À VISÉE ÉTIOLOGIQUE
> Pas de ponction pleurale dans ce cas, il n'y a pas d'épanchement ++.
> On privilégie la fibroscopie bronchique pour identifier la nature et le niveau de l'obstruction.

Étiologies	Atélectasie secondaire à une obstruction bronchique	Atélectasie secondaire à une compression extrinsèque
	Corps étrangers Bouchon muqueux Cancer bronchique Sténose inflammatoire	Pleurale : épanchement, pneumothorax Ou pariétale volet costal Paralysie diaphragmatique Adénopathie compressive Masse médiastinale
Conduire à tenir	Fibroscopie/biopsies et scanner	

Opacités circonscrites (= cancer dans 70 % des cas) :
- ► à la radiographie standard préciser :
  - ◆ taille
  - ◆ siège
  - ◆ contours
  - ◆ rapports
  - ◆ évolutivité +++ (cliché antérieur)
- ► étiologies :

Tumeurs malignes	Tumeurs bénignes	Infections	Maladies de système	Pathologies vasculaires
CANCER BRONCHO-PULMONAIRE – Métastase – Lymphome	Hamartochondrome (calcifications en pop corn) Lipome Tumeur carcinoïde bronchique	Tuberculose (cavernes, chancre d'innoculation) Aspergilose Abcès pulmonaire *(Staph. aureus)* Kyste hydatide	Nodule rhumatoïde Maladie de Wegener Sarcoïdose	MAV Hématome intrapulmonaire

- ► Conduite à tenir :
  - ◆ scanner systématique
  - ◆ bilan avec fibroscopie et biopsies qui peuvent être transbronchiques ou guidées sous scanner (voire thoracoscopie exploratrice)
  - ◆ à l'interrogatoire, recherche de facteurs de risque +++
  - ◆ recherche exposition professionnelle aux toxiques
  - ◆ statut vaccinal BCG

Opacités médiastinales

Circonstances de découverte :
- ► cliché thoracique de routine

- ▶ altération de l'état général
- ▶ SYNDROME DE COMPRESSION MÉDIASTINALE (dyspnée, dysphonie par paralysie récurrentielle, dysphagie, syndrome cave supérieur)
- ▶ contexte traumatique

Meilleur examen à indiquer dans la découverte d'un syndrome médiastinal :
- ▶ scanner thoracique sans et avec injection de produit de contraste (fenêtre médiastinale)
- ▶ intérêt de l'échographie transœsophagienne dans les masses du médiastin postérieur

Étiologies :
- ▶ médiastin antérieur :

Étages supérieur et moyen	Étage inférieur
Tumeur thymique	Lipome
Goitre plongeant	Hernie de la fente de Larrey
Tératome bénin	Kyste bronchogénique
Kyste pleuropéricardique	

- ▶ médiastin moyen :
  - ◆ adénopathies : LNH, maladie de Hodgkin, adénopathies métastatiques
  - ◆ sarcoïdose, tuberculose
  - ◆ kyste bronchogénique
- ▶ médiastin postérieur :
  - ◆ tumeur neurogène
  - ◆ adénopathies
  - ◆ kyste bronchogénique
  - ◆ abcès paravertébral
  - ◆ hématome paravertébral

Conduite à tenir :
En fonction du contexte et du siège de l'opacité :
- ▶ fibrobronchique
- ▶ fibro-œsophagienne
- ▶ TOGD
- ▶ voire médiastinoscopie exploratrice

Le mot du conférencier

Les opacités sont de deux types :

- au sein du parenchyme pulmonaire (alvéolaires, interstitielles ou individualisées) ;
- ou au sein du médiastin limité en trois zones d'avant en arrière elles-mêmes séparées en trois parties définissant ainsi neuf régions.

D'avant en arrière :

- médiastin antérieur en avant de la trachée ;
- médiastin moyen au niveau de la trachée ;
- médiastin postérieur en arrière de la trachée.

Chacune de ces régions se délimite en trois étages :

- supérieur au-dessus de la crosse de l'aorte ;
- moyen en aorte et carène ;
- inférieur en dessous de la carène.

Le diagnostic d'opacité intrathoracique est radiologique, le plus souvent sur cliché standard, et le plus souvent suivi d'un scanner thoracique.

Points essentiels :

- bien commencer à caractériser le TYPE D'OPACITÉ à l'aide du cliché standard ;
- puis compléter avec le SCANNER (en fenêtre médiastinale pour le médiastin ou coupes millimétriques pour le parenchyme) ;
- et enfin ORIENTER LE BILAN ÉTIOLOGIQUE à l'aide des premiers résultats.

ITEM 336

Toux chez l'enfant et chez l'adulte (avec le traitement)

Objectifs : Devant une toux aiguë ou chronique chez l'enfant ou chez l'adulte, argumenter les principales hypothèses diagnostiques et justifier les examens complémentaires pertinents.
Argumenter l'attitude thérapeutique et planifier le suivi du patient.

Définition et caractérisation de la toux

Brève inspiration suivie d'une contraction des muscles respiratoires à glotte fermée, suivie immédiatement par une ouverture de celle-ci.

Caractérisation +++ :
► durée/date d'apparition : aiguë (< 4 semaines), chronique
► mode évolutif
► horaire : matinal (BPCO), nocturne (asthme, OAP)
► fréquence : quintes ?
► facteurs déclenchants : syndrome de pénétration, exposition aux allergènes, recrudescence saisonnière, effort (asthme), changement de position (pathologies pleurales), déglutition (fausses routes), décubitus (OAP)
► TYPE : sèche ou productive (purulente, mousseuse, muqueuse)

Radiographie thoracique indispensable +++ : éliminer un pneumothorax/ pneumomédiastin.

Principales étiologies de toux

ÉVIDENTES SI TABLEAU CLINIQUE ÉVOCATEUR.
► toux aiguë :
  ◆ infection : bronchite, laryngite, bactérienne ou virale
  ◆ OAP (classiquement associé à des expectorations mousseuses et rosées)
  ◆ asthme
  ◆ inhalation d'un corps étranger
  ◆ pneumothorax, pleurésie (la toux est douloureuse dans ces cas-là)
► toux chronique :
  ◆ BPCO
  ◆ dilatation des bronches
  ◆ tuberculose

© 2009 Elsevier Masson SAS. Tous droits réservés

- ◆ cancer bronchopulmonaire
- ◆ sarcoïdose et pneumopathies interstitielles
- ▶ toux isolée avec radio normale :
  - ◆ éliminer une cause ORL +++ :
    - • infection (sinusite, rhinite)
    - • cancer
  - ◆ toux productive :
    - • BPCO ++
    - • dilatation des bronches
  - ◆ toux sèche :
    - • cancer
    - • asthme
    - • RGO
    - • médicaments : IEC (CONTRE-INDICATION CLASSIQUE AUX IEC, LORSQUE LA TOUX EST MAL TOLÉRÉE)

Principes du traitement

- ▶ Traitement avant tout étiologique.
- ▶ Traitement symptomatique = antitussifs deux types :
  - ◆ opiacés (Néocodion®)
  - ◆ ou non opiacés (Silomat®)
- ▶ Contre-indications des antitussifs :
  - ◆ toux productive
  - ◆ insuffisance respiratoire chronique
  - ◆ allergie

Le mot du conférencier

- Il s'agit d'une question d'orientation diagnostique, faite pour un début de dossier. Connaître les étiologies et la démarche diagnostique est indispensable.
- Attention, parfois l'asthme peut être révélé uniquement sur une symptomatologie de toux sèche à l'effort ou nocturne, savoir y penser dans ces deux circonstances.
- Retenir que la toux productive est un moyen de défense pour l'organisme avec élimination des sécrétions, lutter contre la toux dans ce cas peut être très néfaste.
- Faire attention au piège de la prescription d'antitussifs chez le BPCO responsables d'exacerbation classique +++.
- Penser à la coqueluche ++ (recrudescence chez l'adulte jeune).

470593 - (I) - (3) - OSB 100° - SPI

ELSEVIER MASSON S.A.S.
62, rue Camille-Desmoulins
92442 Issy-les-Moulineaux Cedex
Dépôt légal : juillet 2009

Achevé d'imprimer sur les presses de
SNEL Grafics sa
Z.I. des Hauts-Sarts - Zone 3
Rue Fond des Fourches 21 – B-4041 Vottem (Herstal)
Tél +32(0)4 344 65 60 - Fax +32(0)4 286 99 61
juin 2009 — 48084

Imprimé en Belgique